MARCO POLO

LEIPZIG

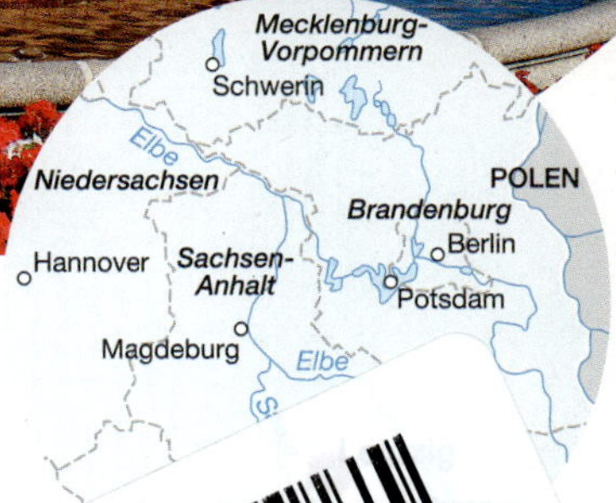

MARCO PO[...]

Stephan[...]

Stephanie [...] und Journalistin. [...] lebt seit über 20 Jahren in Leip[...] wandelnde Kultur- und Politikszene de[...] sie u. a. in der Leipziger Volkszeitung. Ih[...]berichte erscheinen bei Spiegel Online und in vielen deutschsprachigen Zeitungen vom Weser-Kurier bis zu den Oberösterreichischen Nachrichten.

REIN INS ERLEBEN

Mit dem digitalen Service von MARCO POLO sind Sie noch unbeschwerter unterwegs: Auf den Erlebnistouren zielsicher von A nach B navigieren oder aktuelle Infos abrufen – das und mehr ist nur noch einen Fingertipp entfernt.

Hier geht's lang zu den digitalen Extras:

http://go.marcopolo.de/lei

Touren-App

Ganz einfach orientieren und jederzeit wissen, wo genau Sie gerade sind: Die praktische App zu den Erlebnistouren sorgt dank Offline-Karte und Navigation dafür, dass Sie immer auf dem richtigen Weg sind. Außerdem zeigen Nummern alle empfohlenen Aktivitäten, Genuss-, Kultur- und Shoppingtipps entlang der Tour an.

HTTP://GO.MARCOPOLO.DE/LEI

Update-Service

Immer auf dem neuesten Stand in Ihrer Destination sein: Der Online-Update-Service bietet Ihnen nicht nur aktuelle Tipps und Termine, sondern auch Änderungen von Öffnungszeiten, Preisen oder anderen Angaben zu den Reiseführerinhalten. Einfach als PDF ausdrucken oder für Smartphone, Tablet oder E-Reader herunterladen.

SYMBOLE

- INSIDER TIPP Insider-Tipp
- ★ Highlight
- ●●●● Best of …
- Schöne Aussicht
- Grün & fair: für ökologische oder faire Aspekte
- (*) kostenpflichtige Telefonnummer

PREISKATEGORIEN HOTELS

€€€	über 110 Euro
€€	85–110 Euro
€	bis 85 Euro

Die Preise gelten für zwei Personen im Doppelzimmer mit Frühstück pro Nacht

PREISKATEGORIEN RESTAURANTS

€€€	über 15 Euro
€€	10–15 Euro
€	bis 10 Euro

Die Preise gelten für ein durchschnittliches Hauptgericht ohne Getränke

 Titelthemen: Baumwollspinnerei/Tapetenwerk S. 69 | Völkerschlachtdenkmal S. 54

GUT ZU WISSEN
Entspannen & Genießen → S. 24
Von Bällen und Pferden → S. 35
Richtig fit! → S. 39
Gourmettempel → S. 60
Spezialitäten → S. 62
Bücher & Filme → S. 80
Luxushotels → S. 86
Feiertage → S. 105
Wetter → S. 110
Was kostet wie viel? → S. 111

KARTEN IM BAND
(114 A1) Seitenzahlen und Koordinaten verweisen auf den Cityatlas und die Übersichtskarte Leipzig mit Umland auf S. 126/127
(0) Ort/Adresse liegt außerhalb des Kartenausschnitts
Es sind auch die Objekte mit Koordinaten versehen, die nicht im Cityatlas stehen

(*A–B 2–3*) verweist auf die herausnehmbare Faltkarte

UMSCHLAG VORN:
Die wichtigsten Highlights

UMSCHLAG HINTEN:
Liniennetzplan der öffentlichen Verkehrsmittel

Die besten MARCO POLO Insider-Tipps

Von allen Insider-Tipps finden Sie hier die 15 besten

INSIDER TIPP Mumien im Hochhaus

Das Grabinventar des Priesters Herischef-hotep sowie zwei gut erhaltene Mumien sind die Höhepunkte der Sammlung des *Ägyptischen Museums* in der ehemaligen Bank-Schalterhalle des Kroch-Hochhauses → S. 28

INSIDER TIPP Kunstgewerbe handverlesen

Seit 150 Jahren bietet *Kunstgewerbe Zechendorf* regionales Kunsthandwerk vom erzgebirgischen Zinn bis zu kunstvoll bemalten Eiern aus der Lausitz an → S. 72

INSIDER TIPP Nasdrowje!

400 Sorten Wodka lassen in der *Vodkaria* schnell vergessen, dass Mütterchen Russland weit weg ist → S. 77

INSIDER TIPP Logis im Park

Im gemütlichen Torhaus am Kees'schen Park logieren Sie im Grünen und sind doch ganz nah an der Stadt. Morgens gibt's im Biocafé *Brot und Kees* Frühstück wie zu Omas Zeiten → S. 57

INSIDER TIPP Kaffee mit Tiefgang

Die kleine Rösterei *Röskant* hat einem alten Industriebrunnen ein Denkmal gesetzt und bereitet ausgesuchte Kaffeespezialitäten schonend zu → S. 71

INSIDER TIPP Bei Freges zu Hause

Im *Hotel Fregehaus* steht die Chefin oft selbst an der Rezeption. Sie hat von der Shoppingtour bis zum Kulturprogramm kluge Tipps parat → S. 85

INSIDER TIPP Ein Saal wie ein Gedicht

Die Pracht bröckelt, doch die Puppen tanzen noch immer im wunderschönen *Lindenfels Westflügel*. Dieses Figurentheater sucht seinesgleichen → S. 79

INSIDER TIPP Hinter die Kulissen gucken

Mal beim Fernsehen reinschnuppern: Die *Mediacity* des Mitteldeutschen Rundfunks (MDR) auf dem ehemaligen Schlachthofgelände zeigt u. a. die Produktionsorte der erfolgreichen Ärzteserie „In aller Freundschaft" → S. 53

INSIDER TIPP Mit dem Kajak durch den Stadtdschungel
Im Gleichklang der Paddel lässt sich Leipzig perfekt vom Wasser aus erkunden. Keine Angst, auch ungeübte Kanuten kippen nicht um! (Foto links) → S. 25

INSIDER TIPP Geliebte MuKo
Kaum ein anderes Haus hat so eingefleischte Fans: Die *Musikalische Komödie (Haus Dreilinden)* läuft um Weihnachten herum mit Musicals und Operetten zur Höchstform auf → S. 81

INSIDER TIPP Kultur beim Schnapsbrenner
Horns Erben: Die ehemalige Brennerei ist ein stimmungsvoller Ort für Dichterlesungen oder exquisiten Jazz → S. 79

INSIDER TIPP Tierköpfe für die Wand
So traurig kann nur ein Mops schauen: Keramikerin *Annemarie Steinbach* haucht ihren Tontieren eine Seele ein → S. 72

INSIDER TIPP Unsterbliches Kino
Seit 1912 werden im *UT Connewitz* Filme gezeigt. Die alte Pracht bröckelt ein wenig, doch das Flair dieses ältesten Filmtheaters der Stadt ist ungebrochen → S. 80

INSIDER TIPP Zurück in die Dreißigerjahre
Das *Café Grundmann* ist Leipzigs schönstes Kaffeehaus im Wiener Stil. Viele Details sind original Art déco. Torten und Croissants schmecken hervorragend → S. 58

INSIDER TIPP Was Neues im Westen
Kinder spielen, Stammgäste gucken Tatort, alle genießen die köstliche Szechuan-Küche: Der *Chinabrenner* in einer ehemaligen Fabrikhalle ist ein Hotspot in Plagwitz (Foto unten) → S. 63

BEST OF ...

TOLLE ORTE ZUM NULLTARIF

Neues entdecken und den Geldbeutel schonen

SPAREN

Mit allen Sinnen genießen

Im *Botanischen Garten* der Universität sind die ätherischen Düfte uralter Heilpflanzen und ein hüfthoch angelegter Tastparcours ein Spektakel für alle Sinne. Der Eintritt in die Freilandabteilungen ist frei, für Veranstaltungen und Sonderausstellungen wird ein Obolus fällig → S. 49

Musik auf der Empore

In den Kirchgemeinden reifen die Talente von Gewandhausorchester und Thomanerchor heran. Zu den Gottesdiensten gibt es oft ein feines musikalisches Programm. Der Eintritt ist meist frei, eine Spende erbeten. Innenstadtkirchen, *Peterskirche* und *Michaeliskirche* → S. 48

Deutsch-deutsche Geschichte

Das *Zeitgeschichtliche Forum* hat sich ganz der DDR-Historie, dem Widerstand und der Friedlichen Revolution verschrieben. Der Eintritt ist wie in den anderen Museen der Bundesstiftung frei → S. 42

Fenster zum Zoo

Um Giraffen, Zebras, Antilopen und andere Savannenbewohner zu beobachten, muss man keine Eintrittskarte für den Zoo lösen. Die Kiwara-Savanne sieht man auch vom Rosental aus, im sogenannten *Zooschaufenster*. Nur ein Wasserstreifen trennt hier den Zoo vom Park (Foto) → S. 43

Nicht nur für Bücherwürmer

Das *Deutsche Buch- und Schriftmuseum* wurde bereits 1884 als Buchgewerbemuseum gegründet. Heute erzählt es im modernen Anbau der Nationalbibliothek anschaulich Buchgeschichten von der Keilschrift bis ins digitale Medienzeitalter. Der Eintritt ist frei → S. 52

Freikarte fürs Lieblingstier

Ein jedes Leipziger Kind hat hier ein Lieblingstier – sei es Luchs, Elch oder Wildschwein. Der weitläufige *Wildpark* im Auwald bietet auch zwei schöne Spielplätze – und das alles ganz umsonst. Nur für den Tee im Teehaus muss man bezahlen → S. 102

TYPISCH LEIPZIG

Das erleben Sie nur hier

Bei Mendelssohn zu Hause

Felix Mendelssohn Bartholdy, Robert Schumann und viele andere Komponisten lebten in Leipzig. In ihren Salons werden noch heute regelmäßig Konzerte gegeben. Häufig sind Gewandhausmusiker zu Gast → S. 51, 52

Ort der friedlichen Revolution

Am 9. Oktober feiert sich Leipzig selbst: Mit den friedlichen Demonstrationen rund um die *Nikolaikirche* – trotz eines riesigen Polizeiaufgebots – brachten die Leipziger 1989 die Mauer ins Wanken → S. 23, 39

Stimmgewaltig

Die Thomaner und Leipzig – das gehört seit 800 Jahren zusammen. Noch heute erschallen die Stimmen des Knabenchors zu den Motetten und Gottesdiensten in der *Thomaskirche* → S. 41

Neue Zeiten, neuer Platz

Der Wiederaufbau alter Fassaden à la Dresden und Berlin hat sich in Leipzig nicht durchgesetzt. Die Messestädter entscheiden sich im Zweifelsfall meist für die moderne Variante. Ein gutes Beispiel: der *Augustusplatz* mit Gewandhaus, Oper und Uni-Hauptverwaltung → S. 32

Obergärige Gaumenfreude

Genießen Sie den obergärigen Gerstensaft im getäfelten Gastraum der *Gosenschenke „Ohne Bedenken"*. Die Chancen stehen gut, dass eine Portion sächsischer Mutterwitz gleich mitserviert wird → S. 63

Kabarett und mehr

Das hat Tradition: In keiner Stadt Deutschlands gibt es pro Einwohner mehr Kabaretts als in Leipzig. *Lachmesse* und *Karicartoon* kommen noch dazu → S. 78

Zu Gast bei den Kaffeesachsen

„Ohne Gaffee gönn mer nich gämpfn!" sollen die Sachsen auf dem Schlachtfeld unter dem Preußenkönig Friedrich II. gerufen haben. Vom legendären Kaffeesachsen zeugt das Gasthaus *Zum Arabischen Coffe Baum*. In 15 Museumsräumen lernen Sie alles rund um das geliebte Heißgetränk (Foto) → S. 43

BEST OF ...

SCHÖN, AUCH WENN ES REGNET

Aktivitäten, die Laune machen

REGEN

Europas größte Tropenhalle

Eine Bootsfahrt über den Tropenfluss, Tiergehege (fast) ohne Zäune, bunt blühende Sumpfpflanzen, ein Gipfelpfad: All das finden Sie im *Gondwanaland* des Leipziger Zoos. Der nachgestellte Urkontinent unter einer riesigen Glaskuppel ist nicht nur bei Regen sehenswert → S. 103

Prächtige Passagen

Ein Netz von Passagen und Messehöfen durchzieht die Innenstadt. Leipzigs größte und eleganteste Passage ist die *Mädlerpassage* (Foto), doch auch *Specks Hof, Städtisches Kaufhaus, Petersbogen* und *Barthels Hof* bieten Flair und nette Geschäfte → S. 67

Drei Museen in Einem

Der markante rote Bau des *Grassimuseums* ist ein Juwel des Art déco. Rund um zwei Innenhöfe gruppiert, erwarten Sie drei Sammlungen von Rang → S. 49

Flohmarkt in den Messehallen

Da werden andere blass vor Neid: In Leipzig hat der Flohmarkt ein trockenes Quartier. Die Händler bieten ihre Ware in zwei großen Messehallen auf dem *agra*-Gelände in Markkleeberg feil → S. 71

Teestunde im Salon

The English Room ist ein wunderbarer Teesalon im Stil eines englischen Herrenklubs. Im Kamin flackert sanft das (Kunst-)Feuer, und Sie sinken in ein ledernes Chesterfield-Sofa → S. 59

Stadt en miniature

Die Tour durch die Stadt muss nicht immer im Freien stattfinden. In der Ausstellung des *Stadtgeschichtlichen Museums* im Alten Rathaus ist u. a. auf 20 m^2 ein Modell der Messestadt aus dem Jahr 1823 aufgebaut → S. 29

ENTSPANNT ZURÜCKLEHNEN

Durchatmen, genießen und verwöhnen lassen

ENTSPANNT

Asiatisches Flair

Entspannt speisen – diese Kunst hat das *Sol y Mar* zur Perfektion gebracht. Nehmen Sie Platz auf Kissen und Liegematten, lassen Sie sich verwöhnen mit exotischen Drinks und Gerichten → S. 64

Qigong im Park

In den Sommermonaten können Sie sich auf den Wiesen im Park besonders angenehm in dieser fernöstlichen Bewegungskunst üben, natürlich unter kundiger Anleitung → S. 111

Kleingarten ganz groß

Dr. Schreber entwarf die erste Kleingartenanlage in Leipzig. Später wurde sein Erholungskonzept für Städter in ganz Deutschland nachgeahmt. Auf dem Gelände lockt heute mit *Schrebers Restaurant* ein gemütlicher Biergarten mit Spielplatz und großer Wiese → S. 64

Fürstlich entspannen

Der Spa in der Luxusherberge *Fürstenhof* steht auch Nichthotelgästen offen: Fitnessgeräte, Sauna, Dampf- und Schwimmbad → S. 86

Beauty am Markt

Im *Beauty Inn* entspannen Sie, lassen sich Hände und Füße pflegen und haben dabei Leipzigs Sehenswürdigkeiten im Blick. Durch die Panoramafenster sehen Sie auf den Markt und das Alte Rathaus → S. 24

Freiluft-Lounge

Sand, Sonne, Wasser, Spaß: Im Sommer wird der Nordstrand des Cospudener Sees zur Chillzone. Drinks und Liegen gibt's an der Strandbar *Hacienda,* ansonsten treiben lassen, gucken und genießen (Foto) → S. 55, 77

Wohlfühlen mit Wasser

Die Leipziger Variante der Erlebnisbäder heißt *Sachsen-Therme*. Nach dem erfrischenden Bad im Wildwasserkreisel können Sie im dampfenden Außenbecken, in der Sauna oder auf der Massageliege relaxen → S. 111

AUFTAKT

ENTDECKEN SIE LEIPZIG!

Leipzig – das klingt nach Thomanern, Bach und Gewandhausorchester, nach Goethe, Schiller und Brockhaus. Oder eher nach Buch-, Automobil- und Pferdemesse? Vielleicht duftet es nach Kaffee, schmeckt süß nach Leipziger Lerche und spottet am Ende jeder Beschreibung. Auf gut Säggs'sch, versteht sich ... Denn die Leipzscher haben ein loses Mundwerk, ob sie mit ***„Wir sind das Volk"*** den Mauerfall herbeidemonstrierten oder den Bahnhof mit seinen glitzernden Ladenzeilen unter dem Bahnsteig als „Einkaufsparadies mit Gleisanschluss" verspotten.

Deshalb ist es kein Wunder, dass die ***Kabaretts*** der Stadt nahezu so berühmt sind wie die Messe. Und wenn Sie Lust auf einen kleinen Disput haben, fragen Sie die Leipziger, ob ihre Heimat nun eher eine Musik- oder Kultur-, eine Messe- oder Medienstadt ist. Um es vorwegzunehmen: Die quirlige Stadt in der Leipziger Tieflandsbucht, mit 520 000 Einwohnern plus rund 2,5 Mio. Übernachtungsgästen jährlich, samt Orchester von Weltruf sowie einem der modernsten Messegelände des Kontinents ist natürlich das alles gleichzeitig. Und noch mehr, denn rund 37 000 Studenten an der Universität und den Fachhochschulen, an den Hochschulen für Grafik und Buchkunst, für Musik und Theater sowie der ersten privaten Wirtschaftshochschule

Bild: Congress Center

Deutschlands sorgen für ***lockere Lebensart und kreative Impulse***. Sie werden es erleben: In Leipzig bewegt sich was. Das fängt bei den Baukränen an und hört bei den Kanuten auf den Flüssen noch lange nicht auf.

Messe- und Einkaufsstadt mit üppigem Grün

Wer zum ersten Mal nach Leipzig kommt, wird staunen, wie grün der einstige DDR-Industriestandort ist. Zwar gibt es keine exotischen Stadtgärten mehr, wie der Kaufherr und Manufakturbesitzer Dietrich Apel sie im 18. Jh. schuf (das Restaurant *Apels Garten* in der Kolonnadenstraße erinnert noch daran). Dafür zieht sich von Schkeuditz im Norden bis nach Markkleeberg im Süden ***25 km Auenwald mitten durch die Großstadt***. Vom Autolärm am Ring bis in die Wildheit dieses größten zusammenhängenden Auenwalds Mitteleuropas ist es nur ein Katzensprung. In der City des knapp 300 km^2 großen Stadtgebiets ist alles, was man sehen will, auf weniger als einem Quadratkilometer vereint. ***Historie trifft hier Konsum*** auf engem Raum: Zutaten für eine Mischung, die ihren Charme den Leipzig-Besuchern, die sich durch das verzweigte Passagensystem der Stadt treiben lassen, auf Anhieb offenbart. Die Messe- und Einkaufsstadt zeigt ihr geschäftiges Gesicht. Dahinter hat die oft beschworene Boomtown allerdings mit Büroleerstand und Arbeitslosigkeit zu kämpfen. Die Arbeitslosenquote liegt bei knapp 11 Prozent und ist eine der höchsten in Sachsen.

Auch das ist Leipzig: schaukeln im Garten von Schrebers Restaurant

Schließlich hat die Stadt mit der Wende eine schwere Hypothek aufgenommen. Ganze Industriezweige brachen weg. Damals wurde versucht, die Misere mit parteiübergreifender Konsenspolitik abzufedern. Oberbürgermeister Burkhard Jung (SPD) muss sich heute mit wechselnden Mehrheiten im Stadtrat arrangieren. Doch die Streitlust wächst angesichts der Milliarden-Stadtverschuldung. Leipzig sucht seinen Weg zwischen Alltagssorgen samt Sparkurs und der Erhaltung seiner Strahlkraft als ***Metropole im Osten*** Deutschlands.

Denn Leipzig hat das Zeug zu glänzen. Mit Großprojekten positioniert sich die Stadt als ***Dreh- und Angelpunkt der Region***. Der Flughafen Leipzig/Halle punktet vor allem als Luftfrachtkreuz für DHL und Lufthansa Cargo. Dazu nutzen knapp 2,3 Mio. Passagiere jährlich den Flughafen. Seit 2013 steigen die Gäste im Herzen der Stadt, unter dem Markt, aus der Bahn. Hier ist ein Haltepunkt des City-Tunnels, mit nur 4 km Länge die wohl kürzeste U-Bahn der Welt. Aufsehenerregend: Für die Arbeiten verschob man den Portikus des Bayerischen Bahnhofs um 30 m nach links.

Mehrwert durch Umnutzung

Schon jetzt strömen Gäste von weither zu den Großevents im umgebauten Zentralstadion, der Red-Bull-Arena für 43 500 Zuschauer. Leipzig hat sogar sich selbst umgebaut. Der Arbeiterstadtteil ***Plagwitz wandelte sich zum urbanen Vorzeigeviertel*** mit Lofts, Cafés und Radwegen am Kanal. Und in beachtlichen Kraftakten wurde die ehemalige Tagebaumondlandschaft im Süden der Stadt zu einem gigantischen Freizeitareal umgestaltet. Statt Förderbrücken und Kohlebaggern gibt es nun Badeseen mit Stränden und Wassersportmöglichkeiten sowie den Vergnügungspark Belantis.

Die Wissenschaft setzt mit der Universitätsklinik, einem Hightech-Herzzentrum und dem Biotechnologiezentrum „Bio City" Highlights. Selbst das produzierende Gewerbe kommt nach Leipzig zurück: Im Norden der Stadt produziert Porsche den Nobel-Geländewagen „Cayenne" und BMW unter anderem innovative Elektrofahrzeuge. ***Findig waren die Sachsen schon immer.*** Egal, ob es um die Erfindung der Kaffeefiltertüte ging (1908 durch Melitta Bentz) oder um die Verbriefung der Stadtrechte für Leipzig. Das genaue Datum lässt sich bis heute nicht aus den Mantelfalten der Geschichte schütteln: Irgendwann zwischen 1160 und 1165 muss der Wettiner Markgraf Otto von Meißen dem Marktflecken Leipzig das Stadtrecht verliehen haben. 1958 sprach die SED-Stadtleitung ein Machtwort, legte das Geburtsjahr Leipzigs auf 1165 fest und verschaffte sich so ein bisschen Luft zur Vorbereitung der 800-Jahr-Feier. Der Name Leipzig ist noch viel älter. Er geht auf die Sorben zurück, die im 7. Jh. am Zusammenfluss von Elster und Parthe siedelten. Dort fanden sie ihren heiligen Baum, die Linde, und schnell war „Lipsk", der Ort bei den Linden, in der Region ein Begriff. Bald erwirtschafteten sich die Leipziger als ***clevere Kaufleute*** ihren Platz in der Geschichte. Im Schutz der deutschen Burg Libizi (Ersterwähnung 1015) entfalteten Kaufleute und Handwerker vom 10. bis 12. Jh. ein reges Treiben an der Kreuzung der beiden großen Handelsstraßen Via Regia und Via Imperii. 1497 war es dann so weit: Kaiser Maximilian verlieh der Stadt das ***Messeprivileg***, und fortan brachten die Reisenden unter königlichem Schutz Wohlstand und Weltoffenheit in die Stadt.

Noch älter ist die Tradition Leipzigs als ***Universitätsstadt***. 1409 gegründet, ist die Uni die zweitälteste Deutschlands. Schon bald nach ihrer Gründung zog sie bedeutende Gelehrte an: Christian Thomasius philosophierte hier, der Philologe Johann Christoph Gottsched war zu Goethes Zeiten Rektor. Gottfried Wilhelm Leibniz, Gotthold Ephraim Lessing und der Komponist Robert Schumann studierten in Leipzig, ebenso die Dichter

Nicht nur Händler, sondern auch Dichter und Denker

Jean Paul, Friedrich Schlegel und Novalis. Auch Karl May war da, wenn auch ohne studentische Ambitionen. 1865 mietete er sich über der Central-Apotheke ein, ließ sich einen Pelz bringen – und verschwand mit dem guten Stück, ohne ihn zu bezahlen. Doch der Spitzbube wurde gefasst und ins Arbeitshaus gesteckt. Verbrieft ist die Verbindung mit einem Stück Weltliteratur, dem „Faust": Als der 16-jährige Johann Wolfgang von Goethe 1765 nach Leipzig kam, war das ein Schritt aus der Enge der verwinkelten Gassen Frankfurts in die Großzügigkeit der sächsischen Messestadt. Goethe legte sich eine weltmännische Garderobe zu. Im „Faust" lässt er die Studenten in Auerbachs Keller über die „wunderliche Weise" der Auswärtigen spotten, und „Frosch" hebt an zu dem berühmten Satz: ***„Mein Leipzig lob' ich mir! Es ist ein klein Paris und bildet seine Leute."*** Da zeigt der junge Goethe sympathische Selbstironie – ein feiner Zug, der gut zu den Sachsen passt.

Leipzig hat – nach einigen Umwegen – diese reiche Tradition als ein großes Pfund entdeckt. Die Stadt wuchert (noch) mit einem ***kulturellen Angebot***, das in Metropolen ähnlicher Größe seinesgleichen sucht. Dazu gehört nicht nur die Hochkultur mit dem Gewandhaus, der Oper und dem Schauspiel. Dazu gehört mindestens genauso Leipzigs starke ***„Kreativwirtschaft"***, angefüttert von exzellenten Kunst- und Musikhochschulen, gestützt von etablierten und experimentellen Kreativen, die in dieser Stadt eine Heimat gefunden haben. Nicht zu vergessen ist das Engagement zahlreicher Bürger, die längst erkannt haben, dass von der notorisch klammen Kommune keine großen Sprünge mehr zu erwarten sind, und die deshalb in Eigenintiative wichtige kulturelle Projekte in Angriff genommen haben. Was kommt dabei heraus? ***Eine höchst lebendige Kunstszene*** in Plagwitz zum Beispiel, die von hier aus längst überre-

Hübsch herausgeputzt: Alte Börse am Naschmarkt

gionale Bedeutung erlangt hat. Bürgervereine, die die Sanierung des Völkerschlachtdenkmals bis zum Jubiläumsjahr 2013 (200 Jahre Völkerschlacht) vorangetrieben und den vergessenen Sohn der Stadt, Richard Wagner, wieder in die Stadt geholt haben. Die mit Notenspur, Notenbogen und Notenrad *(www.notenspur-leipzig.de)* ein Vehikel gefunden haben, um Leipzigs überaus ***reiche Musiktradition*** nicht nur auf den allgegenwärtigen Johann Sebastian Bach zu reduzieren, sondern auch all die anderen „Leipziger" – Robert Schumann, Felix Mendelssohn Bartholdy, Edvard Grieg, Gustav Mahler, Richard Wagner, deren Verleger, Lehrer, Förderer und Familien – einzubeziehen.

Kulturelle Vielfalt aus Eigeninitiative

Fast jährlich ruft Leipzig diese große Tradition mit Jubiläen in Erinnerung: Das große Bachfest, das immer wieder neue Bezüge sucht zu anderen Musikgrößen der Stadt, findet jährlich statt; außerdem standen 2014 die Einführung der Reformation und 2015 die Ersterwähnung der Stadt vor 1000 Jahren an. Dazu kommen viele weitere Veranstaltungsreihen, wie das Dok-Film-Festival, die Euroscene, Leipzig liest, die Mendelssohn-Festtage, die Rundgänge an der Hochschule für Grafik und Buchkunst und auf dem Spinnereigelände und so weiter und so weiter ... Profitieren Sie von diesem Angebot, lernen Sie ***Geschichte, Gegenwart und Zukunft*** einer deutschen Kulturstadt kennen.

IM TREND

1 Wortgewaltig

Poetenschlacht Der Trend ist auch in Leipzig angekommen: *Poetry Slam* allerorten. Die Sachsen und speziell die Leipziger haben mit ihrem losen Mundwerk beste Voraussetzungen. Inzwischen stehen sie in der Disziplin des Wettdichtens nicht nur ganz oben auf dem Podest, sondern sind auch zu beliebten Gastgebern geworden. Wettbewerbe finden z. B. im *Plan B (Härtelstr. 21 | www.plan-b-leipzig.de)*, bei *Horns Erben* (s. S. 79) oder in der *Wärmehalle Süd (Eichendorffstr. 7 | www.waermehalle-sued.de)* statt.

2 Techno am See

Abkühlung Im hüfthohen Wasser lässt es sich angenehm kühl gut tanzen. Bikini und lässige Badeshorts sind zudem die richtige Kleidung für fast jedes Wetter. Auch das Bier bleibt an den Ufern der neuen Seen rund um Leipzig gekühlt. Längst sind Das *Think!*-Festival am Cospudener See sowie das *Highland* am Störmthaler See über die Stadtgrenzen hinweg legendär, die coolsten DJs und lässigsten Bands mit dabei. Am späten Abend geht's dann in die *Distillery* (s. S. 77), bis die Wolken wieder lila sind.

3 Guter Stoff

Weben im Westwerk Als die Französin Catherine Chalk nach Leipzig zog, stellte sie verwundert fest: Aus der Stadt mit der langen Textiltradition war das Weberhandwerk völlig verschwunden. Die Französin stellte zehn Webstühle im Plagwitzer Westwerk auf – und prompt bewarben sich Hunderte, um das kunstvolle Handwerk zu erlernen. Verkauf und Anmeldung zu Workshops bei *Webervogel (Karl-Heine-Str. 93b | Tel. 0341 39 28 05 71 | www.webervogel.com)*.

Grüner Daumen

4

Urbane Gärten Kleingärten waren schon immer groß in Leipzig, seit der Arzt Moritz Schreber und der Schuldirektor Ernst Hauschild sie hier im 19. Jh. zur Entspannung für Stadtmenschen erfanden. Jetzt hat das Säen und Ernten seinen spießigen Anstrich verloren. Statt in der eigenen Parzelle zu werkeln und über den Nachbarn zu schimpfen, tun sich viele Leipziger zusammen und graben im Kollektiv. Stadtgärten sind in und sprießen aus dem Boden wie die Pilze. Der *Stadtgarten Connewitz (Kohrener/ Burgstädter Str. | www.oekoloewe.de/Stadtgarten | Straßenbahn 11 Hildebrandstraße) (Foto)* und die *Annalinde (Zschochersche Str. 12 | www.annalinde-Leipzig.de | Straßenbahn 3, 14 Felsenkeller)* versorgen nicht nur Kind und Kegel mit gesundem Gemüse, sondern auch Restaurants und Wochenmärkte.

Chillen in der City

5

Freiluftparties Leipzigs höchst aktive Partyszene feiert am liebsten im Freien. Eine Musikanlage für den coolen Groove ist im Stadtpark schnell aufgebaut. Getränke, Grill und Spielgeräte bringen alle selber mit. Am Tag sind Frisbeewerfen, Golfen *(Foto)*, Akrobatik und Seilkunststücke Zeitvertreib erster Wahl, mit Einbruch der Dunkelheit wird abgetanzt. Die genauen Treffpunkt und Orte dieser „illegalen" Parties sind – na klar – immer wieder andere. Doch die extrabreite Sachsenbrücke im Clara-Zetkin-Park z. B. dient allen Nachtschwärmern als erster Anlaufpunkt, und die schönste flache Wiese zum Golfen ist die am Westufer des Elsterflutbeckens zwischen Jahnallee und Palmenwehr.

FAKTEN, MENSCHEN & NEWS

BACH UND DIE THOMANER

In Leipzig gibt es zwei Ikonen: den Thomanerchor und seinen berühmten Kantor Johann Sebastian Bach. Die Sängerknaben und der Maestro gehören zur Musikstadt wie der Notenschlüssel zur Partitur. Angefangen hat das Ganze im Augustiner Chorherrenstift des Markgrafen Dietrich von Meißen, 1212 im Thomaskloster gegründet. Als 500 Jahre später ein neuer Kantor gesucht wurde, war der Capellmeister Bach nur zweite Wahl. Doch Telemann, der Wunschkandidat, blieb lieber in Hamburg, und so kam Bach 1723 nach Leipzig. So innig wie man heute meinen könnte, war das Verhältnis zwischen Stadt und Thomaskantor jedoch nie. Häufig gab es Streit: um Disziplin, um Geld. Als Bach 1750 starb, wurde er an der Südmauer der Johanniskirche beigesetzt. Nach 1894 wurden seine sterblichen Überreste in einen Sarkophag in der Kirche umgebettet und 1950 in die Thomaskirche überführt. Leipzig zelebriert die musikalische Tradition im Juni mit dem Bachfest. Hinreißend sind die Thomaner-Aufführungen von Bachs Weihnachtsoratorium und das Weihnachtsliedersingen in der Thomaskirche. Gegen einen geringen Obolus kann man den Motetten und Kantaten in der Thomaskirche lauschen *(Fr 18, Sa 15 Uhr | nicht in den Ferien und bei Konzertreisen)*.

BMW UND PORSCHE

Autos made in Saxony – das hat Tradition, seit August Horch 1904 seine Mo-

 Bild: Bach-Denkmal vor der Thomaskirche

Buch- oder Musikstadt, Messestandort oder Keimzelle der friedlichen Revolution – in Leipzig ist immer was los

torenwerke in Zwickau gründete. Später wurde dort der DDR-Trabi, die legendäre „Rennpappe", gefertigt. In Leipzigs Norden haben sich nun Porsche und BMW niedergelassen. Das hat Tausende Arbeitsplätze geschaffen und den Ruf Leipzigs als Autostadt begründet. Im Porsche-Werk wird u. a. der Geländewagen Cayenne produziert. Informieren Sie sich über Besichtigungen, Erlebnisprogramme, und den Pole Position Brunch auf der Website *www.porsche-leipzig.de*. BMW lässt in dem futuristischen Werk der Architektin Zaha Hadid die 1er-Reihe und seit kurzem auch Elektroautos bauen. Werksführungen: *www.bmw-werk-leipzig.de*

BUCH- UND LITERATURSTADT

Die Buchstadt Leipzig blickt auf eine stattliche Tradition zurück. Schon im 16. Jh. bescherte der Reformator Martin Luther den Leipziger Druckern mit seinen Schriften einen regelrechten Boom. Auch die erste Tageszeitung der Welt soll

Die Buchmesse – alljährlich ein Publikumsmagnet

1650 hier erschienen sein. Ab 1825 residierte in Leipzig der Börsenverein, die Branchenvereinigung der Buchhändler. Die Verlage Brockhaus, Reclam, Baedeker, Insel und Seemann schrieben mit ihren Editionen und Lexika Buchgeschichte und machten die Stadt reich. 1943 fiel das Grafische Viertel mit unzähligen Verlagen und Druckereien in einer einzigen Bombennacht in Schutt und Asche. Nach dem Krieg zogen die meisten Verlage in den Westen, viele DDR-Gründungen mussten nach 1989 aufgeben. An die Buchstadt erinnern heute das *Deutsche Buch- und Schriftmuseum* und das *Museum für Druckkunst*. Wo einst der Börsenverein der Deutschen Buchhändler residierte, lädt jetzt das *Haus des Buches* zu Lesungen ein, und während der Buchmesse feiert die Stadt ein Lesefest mit mehr als 3000 Veranstaltungen.

BUNTE OFF-KULTUR

Was geht vor in den Köpfen der Leute, die ein Seifenkistenrennen vom „Gipfelplateau" des Fockebergs oder ein Neujahrssingen aller Leipziger Wirte organisieren? Die erst ein „besser leben" und dann ein „noch besser leben" gründen? Die in Eigenregie das 100-jährige Filmtheater UT Connewitz betreiben – oder von Künstlern entworfene Aktien verkaufen, um damit das kostbare Jugendstiltheater *Schaubühne Lindenfels* vor dem Verfall zu retten? Manche von ihnen sprechen selber von „Realitätsverlust". Die Leipziger jedoch danken ihnen diese kreative Energie. Denn diese grenzen- und schrankenlosen Kulturmacher, Phantasten, selbst ernannten Zimmerleute, Anstreicher und Bartender, die häufig kaum von ihren Aktivitäten leben können, haben eine alternative Szene geschaffen, die in Deutschland wohl einzigartig ist. Sie bieten Abend für Abend ein Kulturprogramm an besonderen Orten, das sich in keine Schublade quetschen lässt, nie banal, aber fast immer von hintergründigem Witz geprägt ist. Die manchmal versteckten Zugänge zu diesen Kulturtempeln der etwas anderen Art zu finden erfordert ein wenig Spürsinn, ein wenig Abenteuerlust. Dann aber ist „noch besser leben" garantiert!

FRIEDLICHE REVOLUTION

● Schon ein Vierteljahrhundert ist es her, dass zunächst wenige, meist christliche Aktivisten sich allmontäglich in der *Nikolaikirche* trafen. Dann kamen mehr und mehr Leipziger; und schließlich zogen im Oktober 1989 100 000 Menschen um den Innenstadtring, um für Menschenrechte, Wohlstand und die Öffnung der Grenzen zu demonstrieren. Mit ihrem friedlichen Protest brachten sie die DDR ins Wanken. Der Slogan „Wir sind das Volk", aufgemalt auf selbstgebastelte Banner, ging um die Welt. Mittlerweile ist um ihn ein hitziger Namensrechtestreit entbrannt. Noch heute finden in der *Nikolaikirche* jeden Montag um 17 Uhr Friedensgebete statt. Prominente Aktivisten von damals halten die Erinnerung an jene Herbsttage mit Ausstellungen und Veranstaltungen im *Zeitgeschichtlichen Forum Leipzig* (auch als *Museum für Zeitgeschichte* bekannt) und im *Museum in der „Runden Ecke"* (der ehemaligen Stasizentrale) wach. Ein *Freiheits- und Einheitsdenkmal* am Wilhelm-Leuschner-Platz ist in Planung. Leipzigs friedliche Revolution hat auch heute noch Vorbildcharakter.

MESSE

Im Norden der Stadt entstand in den 1990er-Jahren eines der modernsten Messegelände des Kontinents. Charakteristisch ist die halbrunde Tunnelröhre aus Glas und Stahl. Volkwin Margs Konstruktion ist gigantisch und filigran zugleich. In nur drei Jahren wurde die Neue Messe aus dem Boden gestampft. Rund 40 Messen locken jährlich mehr als eine Million Besucher. Höhepunkte sind die *Automobil International*, die *Leipziger Buchmesse* und die *Partner Pferd* mit prominent besetzten Turnieren und viel Showprogramm.

NEUE LEIPZIGER SCHULE

Neo Rauch ist der künstlerische Mittelpunkt, Gerd Harry „Judy" Lybke war lange die schillerndste Galeristenfigur dieser Kunstrichtung. In den 1990er-Jahren erlebte die gegenständliche Malerei in Leipzig eine Renaissance. Arno Rink und Sighard Gille gaben an der Hochschule für Grafik und Buchkunst die Einflüsse der DDR-Malerfürsten Bernhard Heisig, Wolfgang Mattheuer und Werner Tübke weiter. Junge Maler wie Neo Rauch oder Matthias Weischer, Tilo Baumgärtel u. a. entwickelten ihre eigene Farb- und Formensprache: Die „Neue Leipziger Schule" war geboren. Und die gegenständliche Leere verkauft sich bestens – die Werke von Neo Rauch erzielen mittlerweile Preise von über einer Million Dollar. Seine gigantisch großen Bilder haben es sogar bis ins Museum of Modern Art in New York geschafft. Die große Vielfalt der Szene erlebt man am besten bei einem Besuch der Ateliers und Galerien in der alten *Baumwollspinnerei* (s. S. 69) in Plagwitz.

OSTALGIE

Auch gut zwei Jahrzehnte nach ihrem Untergang hat die DDR noch treue Anhänger. Das zeigen nicht nur die Wahlergebnisse der SED-Nachfolgepartei Die

Linke in den neuen Bundesländern. Der Retrokult hat auch die gastronomische Szene erfasst. Das *Kollektiv (Karl-Liebknecht-Str. 72 | Tel. 0341 3 06 70 04 | www.gaststaette-kollektiv.de | €)* serviert wie zu DDR-Zeiten steak au four, Soljanka und Krautrolle im stilechten Interieur. Noch eins drauf setzt das Café *Il-62 (Arno-Nitzsche-Str. 43 | Tel. 0341 14 99 06 31 | €)* in einer ausgedienten Iljuschin-Maschine mit Freisitz auf der Tragfläche *(Freisitz im Sommer Di–Fr 15–22, Sa/So 11–22 Uhr)*. Auch die VEB-Leuchtreklamen stehen wieder hoch im Kurs. Das berühmteste Beispiel ist die „Löffelfamilie" an der Karl-Liebknecht-Straße. Eine Isolator-Zündkerze aus DDR-Zeiten hat es sogar bis ins Museum der bildenden Künste geschafft. Souvenirs gibt es im *Allerlei – Der DDR-Laden* (s. S. 73) oder auf dem *Flohmarkt in Markkleeberg* (s. S. 71). Bis nach Übersee verkauft der *Ossiladen* (s. S. 71) in den Brühlschen Höfen seine einschlägigen Produkte. Besonders beliebt: die Ampelmännchen-Kollektion. Die grünen und roten Männchen mit Hut sind vom Korkenzieher bis zum Plätzchenausstecher zu haben.

STADT AM WASSER

Die schicksten Lofts werden derzeit in Plagwitz am Wasser gebaut, eigener Bootsanlegeplatz und Sonnenterrasse natürlich inklusive. Ein paar Paddelschläge entfernt residiert der Lieblingsitaliener oder -grieche, natürlich ebenfalls mit Steg und Terrasse. Oder nochmal schnell ins Büro? Auch zur Bank in der Innenstadt paddelt man entspannt – der Ausstieg ist direkt am Gebäude. Was bald Realität sein wird, war noch vor ein paar Jahrzehnten undenkbar. Leipzig eine Wasserstadt? Ein paar dünne Flüsschen ziehen durch seine Mitte, einige Kanäle versorgten früher Kürschner mit Wasser, dann wurden sie verschüttet. Im Süden, wo seit einigen Jahren eine attraktive, riesige Seenplatte entsteht, weidete früher Vieh, dann wurde jahrzehntelang Braunkohle abgebaut.

ENTSPANNEN & GENIESSEN

Gönnen Sie sich beim Stadtbummel doch einmal eine Pause vom Sightseeing oder Shopping, und lassen Sie sich ein paar Minuten verwöhnen – z. B. im ● *Beauty Inn* **(114 C3)** ***(⊞ E9)*** *(Markt 11 | Tel.0341 9 93 93 08 | Bus 89 Markt)*, wo nicht nur Nagel-, Fuß- und Hautpflege in allen erdenklichen Variationen angeboten werden, sondern auch entspannende Massagen und Hot-Stone-Anwendungen.

Auch der Bio-Supermarkt *Biomare* **(122 B2)** ***(⊞ E11)*** *(Karl-Liebknecht-Str. 27 | Mo–Fr 8–20, Sa 8–18 Uhr | Tel. 0341 3 06 87 80 | Straßenbahnen 10, 11 Südplatz)* mit seiner großen Naturkosmetikabteilung verfügt über Schminktische und einen Massageraum.

Wenn Sie die „Haare schön" haben wollen, statten Sie Leipzigs kultiger Frisierstube *Woyzeck* **(114 C3)** ***(⊞ E9)*** *(Grimmaische Str. 2–4 | Mädlerpassage, Treppe D, 2. OG. | Tel. 0341 5 29 59 90 | alle Straßenbahnen ins Zentrum, Augustusplatz)* in der 2. Etage über der Mädlerpassage einen Besuch ab. Sie ist benannt nach der Hauptfigur in Georg Büchners Drama, deren reales Vorbild tatsächlich auf dem Leipziger Markt hingerichtet wurde.

Viel Platz am Wasser: Spaziergänger am Cospudener See

Doch schon 1860 hatte der Industriepionier Karl Heine die Idee, Plagwitz mit seinen Buntgarnwerken, Fabriken und Gießereien durch einem Kanal zu erschließen und in ferner Zukunft bis an die Nordsee anzubinden. Der nach ihm benannte Karl-Heine-Kanal wurde Anfang der 1990er-Jahre saniert und damit der Startschuss für die Anlage eines einzigartigen Gewässerverbunds gegeben. Die Flussläufe der Weißen Elster, Pleiße, Luppe und Teile der Parthe sind verbunden mit einem engmaschigen Netz von Kanälen und Gräben. Über zwei Schleusen sind derzeit Bootstouren vorbei an imposanter Industriearchitektur im Stadtgebiet, durch verwunschenes Grün im Auwald bis an die großen Gewässer im Leipziger Neuseenland möglich. Am bequemsten schippert man mit den Passagierschiffen „MS Weltfrieden" *(Abfahrt am Stelzenhaus | Industriestr. 85 | www.ms-weltfrieden.de)*, „MS Cospuden" *(Abfahrt Pier 1 | Hafen Zöbigker Winkel am Cospudener See | www.aufinsabenteuer.de)* oder „MS Wachau" *(Abfahrt an der Seepromenade Markkleeberger See | www.markkleeberger-see.de)*. Geführte Bootstouren über kleinere Wasserwege bieten u. a. der Bootsverleih *Wassersport – Freizeit Herold (Antonienstr. 2 | Tel. 0341 4 0110 59 | www.bootsbau-herold.de)* oder der *Bootsverleih Klingerweg (Klingerweg 2 | Tel. 0341 48 06 54 | www.bootstour-leipzig.de)* an. INSIDER TIPP Abenteuerlustige wählen den eigenen Kajak oder das Ruderboot, das man – zusammen mit Wasserkarte und Schwimmweste – am Klingerweg, bei Herold *(für beide s. o.)* oder am Stadthafen *(Schreberstr. 20 | Tel. 0341 59 40 26 19 | www.stadthafen-leipzig.com)* mieten kann. Paddler sollten sich vor dem Palmengartenwehr in Acht nehmen!

SEHENSWERTES

WOHIN ZUERST?
Markt (114 C3) (*🕮 E9*): Leipzig brüstet sich mit einer kompakten Innenstadt, die auf relativ kleinem Raum gute Einkaufsmöglichkeiten, Cafés, Restaurants, Kunst und Kultur bietet. Bester Ausgangspunkt ist der Markt. Sie erreichen ihn mit der Straßenbahn 9 (Thomaskirche) und dem Bus 89 (Markt). Direkt unter dem Platz befindet sich die Tiefgarage Marktgalerie mit Zufahrt vom Dittrichring. Etwas günstiger sind die Parkhäuser außerhalb des Innenstadtrings, z. B. in der Zentralstraße oder in der Otto-Schill-Straße.

Wer schon einmal hier war, wird feststellen: Es hat sich unheimlich viel verändert in den letzten Jahren. Und es ist immer noch alles in Bewegung. Ganz nebenbei hat sich Leipzig in den letzten Jahren zu einer quicklebendigen Einkaufsstadt gemausert.

Die Gerüste sind größtenteils gefallen, und hervor kamen wunderschöne Passagen, Kaufhäuser und schicke Cafés. Die Innenstadt ist zu einem wahren Juwel geworden und lädt in einem überschaubaren Radius zum Bummeln, Shoppen, Entdecken und Genießen ein. Die konzentrierte Dosis Leipzig finden Sie in der Innenstadt, doch auch die Viertel auf der anderen Seite des Rings sind einen Spaziergang wert. Frisch renoviert lädt das Grassimuseum mit gleich drei Samm-

Bild: Deutsches Buch- und Schriftmuseum/Nationalbibliothek

Entdecken Sie zauberhafte Bauten, lebhafte Passagen, spannende Museen und herrliche Grünanlagen!

lungen ein. Erleben Sie das 19. Jh. in der Beletage von Robert Schumann und Felix Mendelssohn Bartholdy, und bestaunen Sie die prächtigen Bürgervillen der Gründerzeit. Fast überall in Leipzig wird Musik gemacht – sei es im Bundesverwaltungsgericht, im Völkerschlachtdenkmal, in den Kirchen oder im Gohliser Schlösschen. Immer sind die Konzerte auf hohem Niveau, oft von Gewandhausmusikern unterstützt. Es lohnt sich, die Besichtigung mit einem solchen Erlebnis der besonderen Art zu verbinden.

DIE LEIPZIGER CITY

Wie pulsierende Lebensadern durchziehen sie die City: In den Lichthöfen historischer und moderner Passagen kristallisiert sich das Großstadtleben. Shopping, Studium, Kino, Kaffeehaus – alles ist auf engem Raum aufs Schönste vereint.
Im Vorbeigehen erkunden Sie auf Schritt und Tritt ehemalige Messepaläste und

STADTVIERTELÜBERSICHT

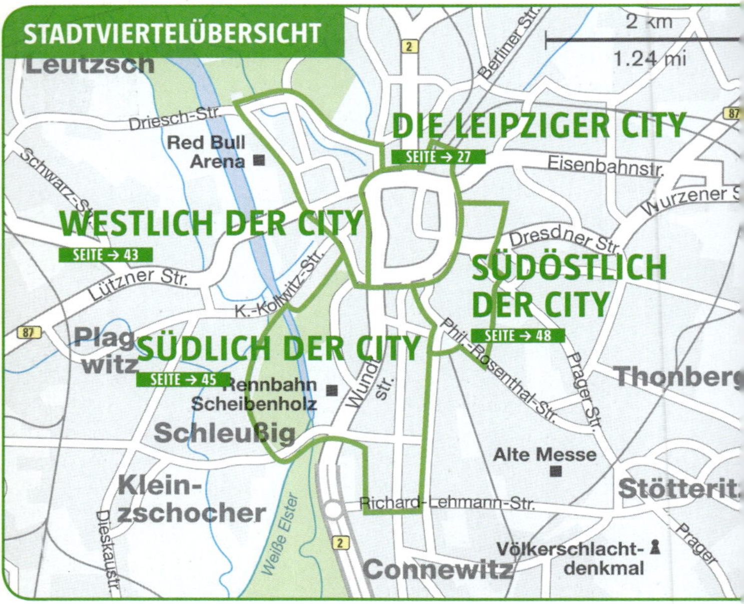

Die Karte zeigt die Einteilung der interessantesten Stadtviertel. Bei jedem Viertel finden Sie eine Detailkarte, in der alle beschriebenen Sehenswürdigkeiten mit einer Nummer verzeichnet sind

neue „Handelshöfe". Eine kleine Museumstour ist schnell zusammengestellt und führt Sie in die DDR- und Wendegeschichte, zu Bach oder großen Malern. Sehen sie selbst!

1 INSIDER TIPP ÄGYPTISCHES MUSEUM (115 D3) (*⑪ E9*)

Knapp über 6000 Exponate – seinen gesamten Bestand – zeigt das Ägyptische Museum in der ehemaligen Schalterhalle und den angeschlossenen Räumen des sogenannten Kroch-Hochhauses, erbaut 1927/28 vom Bankier Hans Kroch. Zu sehen sind u. a. zwei Mumien, das gesamte Grabinventar des Priesters Herischef-hotep, sowie Privatplastiken hoher Beamter aus dem Alten Reich, die sich gemeinsam mit ihren Gemahlinnen darstellen ließen. Das Besondere an dieser kleinen, aber feinen Sammlung ist der sensationell gute Zustand vieler Exponate. Das Grabinventar des Herischefhotep schlummerte seit 1904 in den Transportkisten, bis ein beherzter Restaurator 1996 Särge, Schmuck, Sandalen und Leintücher beinahe unversehrt auspackte. Die Funde aus dem Alten Reich wurden, so wie sie geborgen wurden, bis auf den letzten Brösel konserviert. Fast alle Exponate haben Leipziger Archäologen selbst ausgebuddelt, sodass Wissenschaftler heute die damaligen Expeditionen vom Reisetagebuch bis zu Bildern und ersten Publikationen nachvollziehen können. Leider ist die Lehrsammlung der Universität nur eingeschränkt geöffnet. *Di–Fr 13–17, Sa/So 10–17 Uhr | Eintritt 5 Euro | Goethestr. 2 | alle Straßenbahnen ins Zentrum, Augustusplatz*

2 ALTE BÖRSE UND NASCHMARKT
(114 C3) (*🕮 E9*)

Wie eine kleine Schatztruhe steht das reich verzierte Gebäude an der Stirnseite des Naschmarkts. Der erste Barockbau Leipzigs entstand 1678/79 auf Drängen der Kaufleute, die ihre Geschäfte nicht länger in der engen Holzbude auf dem Markt tätigen wollten. Geld und Neuigkeiten wechselten fortan im Obergeschoss der Börse die Besitzer. In den Gewölben boten Kaufleute ihre Waren feil. Genascht wurde auf dem Platz immer: Früher brachten Salz- und Brotverkäufer sowie Garküchen ihre Speisen unters Volk. Heute sitzt man gern an Bistrotischen zu Füßen des Goethe-Denkmals. Wer genau hinschaut, entdeckt am Sockel die Dichter-Freundinnen Friederike Oeser und Käthchen Schönkopf. Schöngeistiges auch in der Börse: Im Saal finden Konzerte und Lesungen statt. *Naschmarkt | alle Straßenbahnen ins Zentrum, Goerdelerring | S-Bahn, Bus 89 Markt*

3 ALTES RATHAUS UND STADTGESCHICHTLICHES MUSEUM
(114 C3) (*🕮 E9*)

Haben Sie's bemerkt? Der Turm des *Alten Rathauses* steht nicht in der Mitte der 90 m langen Fassade. Baumeister Hieronymus Lotter errichtete das Gebäude 1556 auf den Grundmauern des gotischen Rathauses. Und da lag dort das Treppenhaus, wo sich heute das Türmchen erhebt. Das Alte Rathaus zählt zu Deutschlands schönsten Renaissancebauten; für das ● *Stadtgeschichtliche Museum* ist es der edle Rahmen. Leipzigs Bürgerstolz spiegelt der 53 m lange Festsaal. Am seinem Nordende ist die Renaissance-Musikempore erhalten, von der Stadtpfeifer zum Tanz aufspielten. Das Gesamtbild dominieren die Fürstenbilder und Porträts der Leipziger Stadtrichter. In der Ratsstube spielte sich die Arbeit zwischen Akten und Tintenfass ab. Der intarsienverzierte Aktenschrank stammt von 1592. Hier hängt auch das bekann-

MARCO POLO HIGHLIGHTS

★ **Mädlerpassage und Messehofpassage**
Ein Hauch von Mailand weht durch die Leipziger Innenstadt: elegant, mondän → S. 36

★ **Museum der bildenden Künste**
Meisterwerke der europäischen Malerei → S. 37

★ **Museum in der „Runden Ecke“**
Zeitgeschichte zum Anfassen in der früheren Stasi-Zentrale am Ring → S. 38

★ **Nikolaikirche**
Keimzelle der friedlichen Revolution von 1989 → S. 39

★ **Thomaskirche**
Auf immer verbunden mit den Thomanern und J. S. Bach → S. 41

★ **Bundesverwaltungsgericht**
Opulent wie Berlins Reichstag → S. 45

★ **Bachmuseum**
Erzählt über Leben und Musik des Thomaskantors → S. 32

★ **Grassimuseum**
Völkerkunde, Musikinstrumente und Kunsthandwerk → S. 49

★ **Neue Messe**
Kristallpalast des 20. Jhs., gigantisch und schön → S. 53

★ **Völkerschlachtdenkmal**
Herrlicher Blick von der Aussichtsplattform → S. 54

★ **Cospudener See**
Leipzigs neue Badewanne im Süden → S. 55

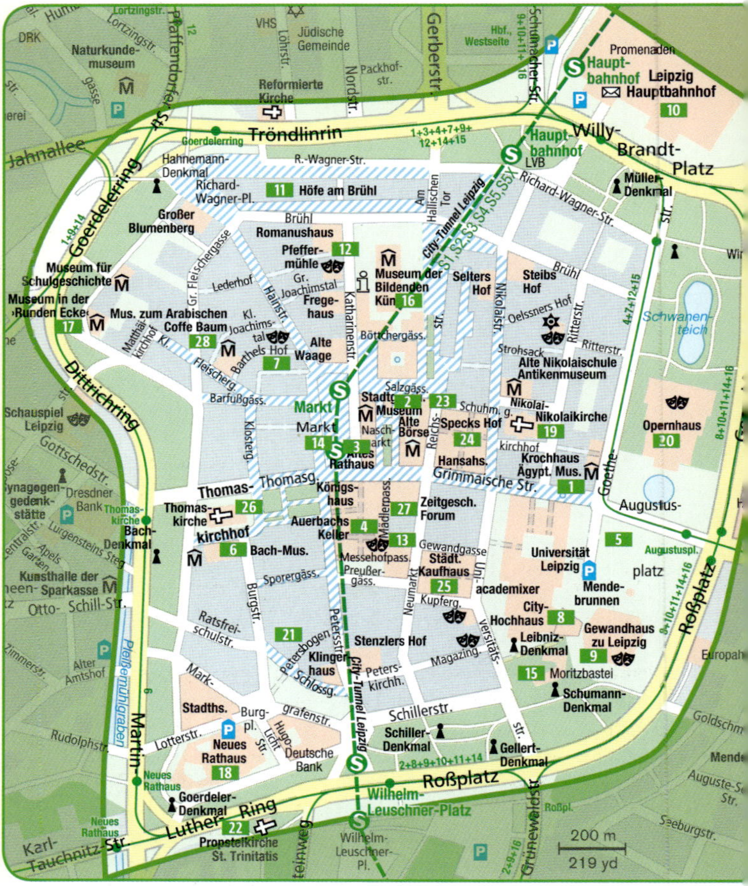

SEHENSWERTES IN DER LEIPZIGER CITY

Fußgängerzone

1 Ägyptisches Museum
2 Alte Börse und Naschmarkt
3 Altes Rathaus und Stadtgeschichtliches Museum
4 Auerbachs Keller
5 Augustusplatz
6 Bachmuseum im Bosehaus
7 Barthels Hof
8 City-Hochhaus
9 Gewandhaus
10 Hauptbahnhof
11 Höfe am Brühl
12 Katharinenstraße
13 Mädlerpassage und Messehofpassage
14 Markt
15 Moritzbastei
16 Museum der bildenden Künste
17 Museum in der „Runden Ecke“
18 Neues Rathaus
19 Nikolaikirche
20 Opernhaus
21 Petersbogen
22 Propsteikirche St. Trinitatis
23 Riquethaus
24 Specks Hof
25 Städtisches Kaufhaus
26 Thomaskirche
27 Zeitgesch. Forum Leipzig
28 Zum Arabischen Coffe Baum

Durch diese Gewölbe weht der Hauch der Geschichte: Auerbachs Keller

te Bach-Porträt des sächsischen Hof- und Ratsmalers Elias Gottlob Haussmann. Weitere Höhepunkte sind das dreidimensionale Stadtbild von 1823, die Modelle des alten Gewandhaussaals und der Alten Oper sowie der Ehering von Martin Luthers Frau Katharina von Bora. Von der Stadtwerdung bis zur Völkerschlacht bekommen Sie Einblicke ins Alltagsleben der Messestädter. Gesellschaftsnah sind die Sonderausstellungen im „Labor" des Museums (Neubau im Böttchergässchen 3). *Di–So 10–18 Uhr | Eintritt 6 Euro | Altes Rathaus Markt 1 | alle Straßenbahnen ins Zentrum, Goerdelerring | S-Bahn, Bus 89 Markt*

4 AUERBACHS KELLER

(114 C3) *(📖 E9)*

Leipzigs berühmteste Schankstube, in der sich Faust-Mythos und Gasthaustradition zu einem belebenden Elixier vermischen. Angefangen hat alles mit Heinrich Stromer aus dem Städtchen Auerbach in der Oberpfalz. Er betrieb zu Beginn des 16. Jhs. einen Ausschank in den Kellergewölben. 100 Jahre später machten die Geschichten vom Leipziger Fassritt des Astrologen und Schwarzmagiers Johann(es) Faust die Runde. Flugs beauftragte Stromers Urenkel den Maler Andreas Brettschneider, Bilder vom Fassritt zu malen, und datierte sie vor auf 1525. Von der Aura der sagenumwobenen Kellergewölbe ließ sich auch Goethe beeindrucken: Die Gaststube wurde ein Schauplatz im Drama „Faust". *30 min. Führung tgl. 11.30 Uhr (mit Tagesgericht 15 Euro) und 15 Uhr (mit Kaffee und Kuchen 10 Euro) | Anmeldung: Tel. 0341 216100 | Mädlerpassage | alle Straßenbahnen ins Zentrum, Augustusplatz*

5 AUGUSTUSPLATZ

(115 D–E3) (*E9–10*)

Zehntausende standen hier im Wende-Herbst 1989 dicht gedrängt zu den Abschlusskundgebungen der Montagsdemonstrationen. Das allein verdeutlicht die Dimensionen des markanten Platzes, der mit dem Neubau des Unicampus wieder einmal sein Gesicht erneuert. Die Fläche zwischen Oper und Gewandhaus umfasst ca. 4 ha. Mit der Straßenbahntrasse in der Mitte, direkt am Ring gelegen, war der Platz schon immer ein pulsierender Knotenpunkt, umgeben von aufwändigen Bauten: An Stelle der Oper stand das klassizistische Neue Theater, statt Gewandhaus gab es ein prächtiges Bildermuseum und an der Westseite das prunkvolle Augusteum, heute nur zur erkennen am erhalten gebliebenen INSIDER TIPP Schinkel-Tor im Innenhof der Uni-Hauptverwaltung. Der schmerzlichste Einschnitt für viele Leipziger: Für den DDR-Unicampus sprengte das SED-Regime 1968 die Paulinerkirche an der Südwestseite des Platzes. Mit dem Campusneubau kehrt sie als Zitat zurück: Der holländische Architekt Erick van Egeraat entwarf das moderne Uni-Ensemble, in dem die Kirchenfassade angedeutet wird. Der Mendebrunnen ist das liebevoll restaurierte historische Pendant von 1886, gestiftet von der Schönefelder Gutsbesitzerin Marianne Pauline Mende. Er zeigt die Meereswelt im Kleinen. *Alle Straßenbahnen ins Zentrum, Augustusplatz*

6 BACHMUSEUM IM BOSEHAUS ★

(114 C3) (*D10*)

„Selbst aktiv werden" ist das Rezept, mit dem das preisgekrönte Museum den Thomaskantor Johann Sebastian Bach anschaulich, spannend und abwechslungsreich präsentiert. Auf digitalen Touchscreens lassen sich einzelne Lebensstationen aufrufen, aus dem Werkverzeichnis im Hörkabinett Lieblingsmelodien abspielen, wertvolle Originalhandschriften sind in der Schatz-

Ob der Meister darauf selbst gespielt hat? Cembalo im Bachmuseum

kammer ausgestellt. 27 Jahre lang, von 1723 bis zu seinem Tod 1750, wirkte Bach als Thomaskantor, nachdem er den Posten erst in dritter Runde zugesprochen bekommen hatte. In dieser Zeit komponierte Bach etwa 60 Kantaten pro Jahr; auch das Weihnachtsoratorium, die Markus-, Matthäus-, und Johannespassionen entstanden in Leipzig. Mit der Familie Bose, in deren Haus das Museum untergebracht ist, war Bach befreundet, musizierte auch im historischen INSIDER TIPP Sommersaal, in dem heute noch Konzerte zu hören sind. *Di–So 10–18 Uhr | Eintritt 8 Euro, am 1. Di im Monat Eintritt frei | Führungen Fr 15, So 11 Uhr | Thomaskirchhof 15–16 | www.bachmuseumleipzig.de | Straßenbahn 9 | Bus 89 Thomaskirche*

7 BARTHELS HOF (114 C2) (*🕮 E9*)

Der letzte typische Handelshof Leipzigs gehört zu den schönsten Häusern der Innenstadt. Das historische Gasthaus sowie Mode-, Schmuckläden und Kunsthandwerk machen den Hof attraktiv. Viel bewundert ist der prunkvolle Erker des Hauses „Zur goldenen Schlange" (Hofseite Hainstraße). Seit 1523 windet sich das glänzende Reptil am Erker empor, der ursprünglich an der Renaissancefassade zur Marktseite angebracht war. Kaufmann und Bauherr Gottfried Barthel gab dem Komplex im 18. Jh. die heutige Struktur. Lebhaft ging es damals während der Messen zu. Pferdefuhrwerke ratterten durch das „Durchhaus", die Kaufleute hatten ihre Gewölbe im Erdgeschoss, die Wohnungen lagen in den Obergeschossen. Ein weiterer Durchgang in Richtung Hainstraße führt in den wesentlich kleineren *Webers Hof*. Wer durch das Sandsteinportal aus dem 19. Jh. auf die Hainstraße hinaustritt, sollte sich umdrehen und unbedingt einen Blick auf den frühbarocken Kastenerker werfen. Der kunstvolle Holzerker ist reich geschmückt, z. B. mit Girlanden und Füllhörnern. *Hainstr. 1 | Kleine Fleischergasse | alle Straßenbahnen ins Zentrum, Goerdelerring | S-Bahn, Bus 89 Markt*

Barthels Hof: Erker „Zur goldenen Schlange"

8 CITY-HOCHHAUS ☀
(115 D3) (*🕮 E9–10*)

Das höchste Gebäude der Stadt: Mit 142 m ragt der ehemalige Uniriese in die Leipziger Skyline. Als Teil des Universitätskomplexes der 1970er-Jahre symbolisierte er ein aufgeschlagenes Buch. Die Uni ist ausgezogen, der Turm heute ein Bürogebäude mit Panoramarestaurant, Bar und Lounge auf 110 m und INSIDER TIPP Aussichtsplattform auf 120 m Höhe.

Im Dunkeln wird die Fassade des Gewandhauses selbst zur Bühne

Plattform tgl. ab 9 Uhr | 3 Euro | Augustusplatz 9 | alle Straßenbahnen ins Zentrum, Augustusplatz

9 GEWANDHAUS

(115 D3–4) (*E10*)

Am schönsten ist das 1981 eingeweihte Konzerthaus abends: Dann flutet das Licht aus den verglasten Foyers über den Augustusplatz. Blickfang ist das riesige Deckenbild: Auf 700 m² schuf Sighart Gille den „Gesang vom Leben". Der erste Konzerthallenbau der DDR hat eine ausgezeichnete Akustik. Das Herzstück ist der sechseckige, große Konzertsaal mit der mächtigen Schuke-Orgel (92 klingende Register, 6638 Pfeifen). Berühmte Kapellmeister waren Felix Mendelssohn Bartholdy, Wilhelm Furtwängler und Bruno Walter, den die Nazis 1933 aus dem Amt drängten. Durch die Wendezeiten führte Kurt Masur. Das Haus vis-à-vis der Oper ist schon die dritte feste Spielstätte des Orchesters. Ursprünglich musizierte es ab 1781 im umgebauten Saal des Messehauses der Tuchmacher (heute Städtisches Kaufhaus), daher der Name Gewandhaus-Orchester. Ein Jahrhundert später bekamen die Musiker ihre eigene Spielstätte in der Beethovenstraße; der klassizistische Bau wurde im Zweiten Weltkrieg zerstört. *Augustusplatz 8 | alle Straßenbahnen ins Zentrum, Augustusplatz*

10 HAUPTBAHNHOF

(115 D–E1) (*E8–9*)

Die historischen Mauern (1909–13) bergen 24 Bahnsteige und ein modernes Dienstleistungszentrum. 1997 eröffnete unter dem Namen „Promenaden Hauptbahnhof" eine Mall mit Boutiquen, Cafés, Drogerien etc., eingelassen in den 270 m langen Querbahnsteig. Freitreppen, Wartesäle und die imposanten Eingangshallen präsentieren sich historisch saniert. Das monumentale Bauwerk steht auf 3125 Stahlbetonpfählen, gerammt in den sumpfigen Grund der Parthe-Niederung. Einen INSIDER TIPP besonders schönen Blick über die Anlage haben Sie vom obersten Deck des Parkhauses Ost. Die Pracht der früheren Wartehallen ist in der Buchhandlung *Ludwig* konserviert. *Willy-Brandt-Platz 5 | S-Bahn, alle Straßenbahnen ins Zentrum, Willy-Brandt-Platz*

11 HÖFE AM BRÜHL (114 C2) *(D9)*

Leipzigs an Einkaufspassagen so reiche Innenstadt ist nun am Brühl um noch eine reicher. Die Höfe am Brühl wurden 2012 eröffnet, 130 Geschäfte, Cafés und Restaurants in das Areal mit vier Lichthöfen integriert. Im Zuge der Bauarbeiten wurde auch der Richard-Wagner-Platz vor der historischen Blechfassade des Kaufhauses neu gestaltet. Dort sprudeln die „Pusteblumen" des DDR-Künstlers Harry Müller wieder. Am Goerdelerring erinnert Stephan Balkenhols überlebensgroße Statue an Richard Wagner. Der Sockel stammt von Max Klinger. Wagners Geburtshaus am Brühl 3 ist nicht erhalten. *Brühl 1 | alle Straßenbahnen ins Zentrum, Goerdelerring*

12 KATHARINENSTRASSE (114 C2) *(E9)*

Vom Markt führt die Katharinenstraße Richtung Brühl. Proben Sie Perspektivwechsel: Zuerst sehen Sie das hochmoderne *Bildermuseum*. Von dort schweift der Blick an einem Ensemble barocker Bürgerhäuer entlang. Herausragend: das *Fregehaus (Katharinenstr. 11)* mit steilem Satteldach, Dachgauben und prächtigem Kastenerker. 1782 erwarb Bankier Christian Gottlob Frege das Kaufmannshaus mit der reichen Ausstattung: Delfter Fliesen, bemalte Balkendecken, Wandtäfelungen. An der Ecke zum Brühl entdecken Sie das *Romanushaus,* ein opulent gestaltetes Palais, das 1703 städtebauliche Maßstäbe setzte. Im *Katharinum,* Leipzigs erstem „green building", an der

VON BÄLLEN UND PFERDEN

Leipzigs Fußball lag lange danieder. Der deutsche Meister von 1903 leistete sich mit dem FC Sachsen und dem 1. FC Lok zwei verfeindete Clubs in der Oberliga, das Zentralstadion mit einst 100 000 Plätzen stand meist leer. Seit Red Bull als Sponsor von RasenBallsport (RB) Leipzig auf den Plan getreten ist und den Club schon mal in die 2. Liga geführt hat, sehen viele Fußballfans wieder Licht. In der *Red-Bull-Arena* **(117 D5)** ***(B–C9)*** mit 43 500 Plätzen finden jetzt sowohl Rockkonzerte als auch Fußballspiele statt. Die Handball-Damen des HC Leipzig dagegen sind spitze in der Bundesliga: *Arena Leipzig* **(117 E6)** ***(C9)*** *(Am Sportforum 1 | Straßenbahnen 3, 7, 8, 13, 15 Sportforum | Tickets für alle Veranstaltungen: www.arena-ticket.com)*. Familiär und leger geht es bei den Pferderennen auf der *Galopprennbahn Scheibenholz* **(121 E–F 2–3)** ***(C–D 11–12)*** *(Rennbahnweg 2 | Bus 89 Telemannstraße | Tickets ab 7 Euro | www.galoppimscheibenholz.de)* zu, Saisonstart ist immer am 1. Mai.

Schmuckstück am Markt: das Alte Rathaus

südwestlichen Ecke des Museums der bildenden Künste, logiert der *Leipzig Tourist Service*. *Alle Straßenbahnen ins Zentrum, Goerdelerring*

13 MÄDLERPASSAGE UND MESSEHOFPASSAGE ★

(114 C3) *(🕮 E9)*

Weltstädtisches Flair wie keine andere Verkaufsmeile der Stadt strahlt die elegante *Mädlerpassage (Neumarkt 14)* aus. Kofferfabrikant Anton Mädler ließ den lichten Durchgang 1912 nach dem Vorbild der Mailänder Galleria Vittorio Emanuele II bauen. Die Geschichte des Hauses lässt sich am Portal Grimmaische Straße ablesen: Die Sandsteinfiguren mit Vase und Weintrauben erinnern daran, dass der Bau einst als Weinkeller und Porzellanmessehaus genutzt wurde. Der Messepalast ersetzte seinerzeit Auerbachs Hof aus dem 16. Jh. *Auerbachs Keller* zieht viele Schaulustige an. Die Grimmaische Straße mausert sich zur beliebten Einkaufsstraße. Blickfang am Haus Nr. 17 ist der Fürstenhauserker, der allerdings nur noch als Kopie erhalten ist. Ein Durchgang führt von der Mädler- in die *Messehofpassage (Neumarkt 16)*: moderne Passagenarchitektur vom Feinsten (Achitekten: Weis & Volkmann, Leipzig). Von der nüchternen 1950er-Jahre-Anmutung des ehemaligen Messehofs blieb nach der Sanierung 2006 nur die Pilzsäule aus Marmor übrig. Neu ist ihr Lichtspiel in wechselnden Farben, eine Einstimmung auf die von Tageslicht durchflutete, überdachte Shoppingmeile zum Neumarkt. Wer stilvolle Mode liebt und schöne Wohnaccessoirs, fühlt sich hier gleich wohl. *Alle Straßenbahnen ins Zentrum, Augustusplatz*

14 MARKT **(114 C3)** *(🕮 E9)*

Der Markt ist das Herzstück der Innenstadt: zentraler Treffpunkt und Ort für Feste vor der malerischen Kulisse des Renaissance-Rathauses. Ab dem 15. Jh. bauten Kaufleute hier ihre Häuser. Das *Waageamt (Ecke Katharinenstr.)* gehörte zu den wichtigsten öffentlichen Gebäuden. Kein Kaufmann, der Waren nach Leipzig brachte, kam an dem Haus vorbei, und die Zollabgaben füllten zuverlässig das Stadtsäckel. Im 17. Jh. zog das erste Leipziger Postamt, im 20. Jh. das Messeamt in die „Alte Waage". Sehenswert ist die historische Fassade mit dem Staffelgiebel. Der Markt war bis 1824 auch Schauplatz von Hinrichtungen. Als letzter wurde der Perückenmacher Woyzeck enthauptet, weil er seine Geliebte erstochen hatte. Georg Büchners gleichnamiges Drama machte Woyzeck weltbekannt. Im Zweiten Weltkrieg verlor der Markt z. T. sein Gesicht: Vier historische Bauten auf der Westseite wurden zerstört. Die neue *Marktgalerie (Markt 11–15)*, 2001–03 erbaut, zitiert mir ihrer gegliederten Fassade, mit Eck-Erkern und Dachgauben die Geschichte. Gleichzeitig schuf Architekt Christoph Mäckler eine leipzigtypische Passage mit dem Großstadtflair des 21. Jhs., die mit Geschäften, Bar und Restaurant eine Verbindung zur Klostergasse herstellt. Daneben schließt sich die ruhigere *Handwerkerpassage (Markt 10)* von 1845/46 an. *Alle Straßenbahnen ins Zentrum, Goerdellerring | S-Bahn, Bus 89 Markt*

15 MORITZBASTEI (115 D4) *(E10)*

Der bekannteste Studentenclub der Stadt ist labyrinthisch im alten Gemäuer der Bastei aus dem 16. Jh. angelegt. Vom Frühstück über Lesungen, Konzerte, Kino, Poetry und Song Slam bis zur Disko am späten Abend ist hier immer was los. Kurfürst Moritz von Sachsen hatte seinerzeit Leipzigs Baumeister Hieronymus Lotter beauftragt, den Ort wehrhaft auszubauen. Später entstand auf den Grundmauern die erste Bürgerschule der Stadt. Nach dem Zweiten Weltkrieg überwucherte lange dichtes Grün die Trümmer, bevor in den 1970er-Jahren die Stunde der Studenten schlug: 1974 guckten sie sich das Gelände für ihren Club aus. 1982 wurde der Gesamtbau eröffnet. *Universitätsstr. 9 | www.moritzbastei.de | Straßenbahnen 2, 9, 16 Roßplatz*

16 MUSEUM DER BILDENDEN KÜNSTE ★ (114 C2) *(E9)*

Das Bildermuseum gehört zu den wichtigsten Kulturstätten der Stadt. Das unterstreicht die zentrale Lage des kubusförmigen Neubaus auf dem Sachsenplatz. Von den weiten Kunstsälen im Unter- und Obergeschoss über Lichthöfe und gewaltige Treppenhäuser bis in die Winkel kleiner Ausstellungsräume ermöglicht das Bildermuseum einen Streifzug durch die Kunstgeschichte von den Alten Meistern bis zur Gegenwartskunst. Die Bestände des Museums umfassen ca. 3000 Gemälde plus 55 000 Zeichnungen und druckgrafische Blät-

Museum der bildenden Künste: Rauminstallation von Bogomir Ecker

ter! Einen Schwerpunkt bilden die Werke Lucas Cranachs d. Ä. Mit äußerster Präzision gemalt und bis ins millimetergroße Detail ausgearbeitet ist die „Heimsuchung" des flämischen Meisters Rogier van der Weydens (um 1435). Nicht entgehen lassen sollte man sich den „Liebeszauber", die frühe Aktdarstellung einer jungen Schönen, die einen Jüngling in ihr Zimmer lockt (2. Hälfte 15. Jh.). Die flämische Malerei des 17. Jhs. ist mit Gemälden von Rubens und aus der Rubens-Werkstatt vertreten. Den Weg ins 20. Jh. markieren der Leipziger Künstler Max Klinger sowie Max Liebermann, Lovis Corinth, Oskar Kokoschka und Max Beckmann. Natürlich ist im Bereich der DDR-Kunst die Leipziger Schule vertreten, u. a. mit Werken von Wolfgang Mattheuer oder Bernhard Heisig. Neo Rauch spielt für die Gegenwartskunst eine herausragende Rolle. Die zeitgenössische Kunst war den Museums-Gründervätern im Leipziger Kunstverein ein Herzensanliegen. 1848 eröffneten sie im Westflügel der Bürgerschule das erste Bildermuseum der Stadt. Nach dem Zweiten Weltkrieg war das Museum im ehemaligen Reichsgericht am Simsonplatz untergebracht. Anrührend und informativ ist die Reihe INSIDER TIPP „Kinder führen Kinder" einmal im Monat *(So um 11 Uhr). Di, Do–So 10–18, Mi 12–20 Uhr | Eintritt 5 Euro (ständige Sammlung), am 2. Mi im Monat Eintritt frei | www.mdbk.de | alle Straßenbahnen ins Zentrum, Hauptbahnhof*

DDR-Vergangenheit im Museum in der „Runden Ecke"

17 MUSEUM IN DER „RUNDEN ECKE" ★ (114 B2) (*D9*)

Wendegeschichte in Reinkultur. In der Nacht zum 5. Dezember 1989 besetzten engagierte Bürger nach einer Montagsdemonstration das Stasigebäude am Dittrichring und machten der Angstherrschaft des DDR-Ministeriums für Staatssicherheit ein Ende. „Macht und Banalität" heißt die Ausstellung, die das Bürgerkomitee Leipzig in den nüchternen Amtsstuben des Überwachungsapparats eröffnete. In einem denkbar tristen Ambiente bewahren die Dokumente von Bespitzelung und die Plakate ihren

Charakter als „Indizien des Verbrechens". Der Nachbau einer Zelle für politische Gefangene und Erläuterungen zum Gefängnisalltag lassen die Pein der Betroffenen nur ahnen. *Tgl. 10–18 Uhr | Eintritt frei | Dittrichring 24 | Straßenbahn 9 | Bus 89 Thomaskirche*

18 NEUES RATHAUS
(114 C4) *(D–E10)*

Mit seinem trutzigen Turm und der verspielten Fassade bietet das Neue Rathaus am südlichen Innenstadtring einen imposanten Anblick und wird häufig sogar für älter als das kleine Renaissancerathaus am Markt gehalten. Der Bau entstand jedoch erst 1897 unter Stadtbaudirektor Hugo Licht. Das Neue Rathaus steht auf dem Gelände der alten Pleißenburg, die als Zwingburg und Kaserne diente. Deren Turm wurde auf 115 m erhöht; damit ist er das zweithöchste Gebäude (nach dem City-Hochhaus) der Innenstadt *(Turmbesteigung Mo–Fr 11 und 14 Uhr, 3 Euro; Rathaustour mit Turmbesteigung und Kasematten So 11 Uhr, 9 Euro)*. Sehenswert sind die hohen Wandelhallen; den großen Ratsplenarsaal ziert eine prunkvolle vergoldete Kassettendecke. *Mo–Do 8–18, Fr 8–15 Uhr | Martin-Luther-Ring 4–6 | Straßenbahnen 2, 8, 9 | Bus 89 Neues Rathaus*

19 NIKOLAIKIRCHE ★
(115 D3) *(E9)*

Friedensgebete, Lichterketten, Demonstrationen – seit dem Wendeherbst 1989 ist St. Nikolai als Keimzelle der friedlichen Revolution international bekannt. Schon immer spielte die älteste erhaltene Kirche Leipzigs eine wichtige Rolle im politischen Leben. In der Nähe der Kirche siedelten sich im 12. Jh. verstärkt Kaufleute an – ihrem Schutzpatron Nikolaus ist sie geweiht. In der Nikolaikirche bestand J. S. Bach seine Probe fürs Kantorenamt. Ursprünglich ist die gedrungene romanische Westfront. Erst 1555 entstand der Mittelturm, der zu Beginn des 18. Jhs. seine barocke Haube bekam und auf 75 m erhöht wurde. Innen betört die größte Kirche der Stadt durch ihre lichte Gestaltung. Aus korinthischen Säulen scheinen Palmwedel zu sprießen. Auf diese Weise verwandelte Stadtbaudirektor Dauthe 1784–97 die gotische Hallenkirche in ein klassizistisches Meisterstück. Das Altarbild stammt von A. F. Oeser. Auch heute noch versammeln sich Gläubige montags um 17 Uhr zu Friedensgebeten. Ab 20 Uhr erleuchten nach und nach 144 farbige Lichtsteine den Platz. Die Lichtinstallation von Tilo Schulz erinnert wie die Nachbildung der Dautheschen Säule und der bis zum Überlaufen gefüllte Granitbrun-

RICHTIG FIT!

Im *Sportbad an der Elster* **(120 C3)** ***(B12)*** *(Mo–Do 14–22, Fr 8–21, Sa 11–16, So 8–16 Uhr | Eintritt 9 Euro | Antonienstr. 8 | Tel. 0341 42 05 62 80 | Straßenbahnen 1, 2, 3 Rödelstraße)* können sich Schwimmer auf acht 50-Meter-Bahnen richtig austoben. Zum Klettern oder Beachvolleyball geht's in die *Kletterhalle No Limit* **(118 B3)** ***(E7)*** *(tgl. 10–23 Uhr | Eintritt 10, Schuhverleih 3 Euro | Dessauer Str. 2 | Tel. 0341 9 09 67 22 | www.kletterhalle-leipzig.de | Straßenbahn 9 Wittenberger Straße)*. Auf 200 Kletterrouten findet hier jeder sein Niveau; Grundkenntnisse in der Sicherung werden allerdings vorausgesetzt.

nen an den friedlichen Widerstand des Jahres 1989. *Nikolaikirchhof 3 | alle Straßenbahnen ins Zentrum, Augustusplatz*

20 OPERNHAUS
(115 D–E 2–3) ***(🕮 E9)***

Der erste Theater-Neubau der DDR (1960) wird heute als Kultobjekt sozialistischer Architektur gehandelt. Bis zum Zweiten Weltkrieg stand hier das spätklassizistische Neue Theater. Hinter der Oper erstrecken sich die Schwanenteichanlagen. Sie entstanden im 18. Jh., als die Befestigungsanlagen in einen Promenadenring umgewandelt wurden. *Augustusplatz 12 | alle Straßenbahnen ins Zentrum, Augustusplatz*

21 PETERSBOGEN (114 C4) ***(🕮 E10)***

Im kühnen Schwung verbindet die Passage die Petersstraße mit dem Burgplatz. Mit dem Neubau (1999–2001) gelang es nicht nur, eine der größten Kriegsbaulücken in Leipzig zu schließen. Hier wurde ein Bogen der besonderen Art geschlagen: Die juristische Fakultät kehrte an ihren historischen Platz in die Stadtmitte zurück – und passt gut unter ein Glasdach mit Kino, Casino, Fitnessstudio und Läden. Unter den City-Passagen ist sie seit Jahren „die Unvollendete": Die Glasrotunde am Burgplatz wartet noch immer auf den Bau ihrer zweiten Hälfte. *Petersstr. 36 | Straßenbahnen 2, 8, 9, 10, 11, S-Bahn Wilhelm-Leuschner-Platz*

LOW BUDG€T

Gut fürs Familienbudget: In den städtischen Museen ist der Eintritt für Kinder unter 18 Jahren frei. Dazu zählen u. a. das *Museum der bildenden Künste*, das *Grassimuseum für Angewandte Kunst* und das *Stadtgeschichtliche Museum* (mit Zweigstellen).

Musikgenuss: Fr um 18 und Sa um 15 Uhr erleben Sie den Thomanerchor zur Motette in der *Thomaskirche* **(114 C3)** ***(🕮 D9–10)***. Kosten: 2 Euro für das obligatorische Programmheft.

22 PROPSTEIKIRCHE ST. TRINITATIS (114 C6) ***(🕮 D10)***

Die katholische Gemeinde musste zu DDR-Zeiten aus der Innenstadt weichen, sie bezog eine Kirche am Rosental. Jetzt ist sie ins Zentrum zurückgekehrt, in den 2015 geweihten Neubau der Architekten Schulz und Schulz. Die Außenverkleidung aus rotem Porphyrtuff ist ein Markenzeichen Leipziger Architektur. Die liturgischen Orte entwarf Jorge Pardo, ein US-Künstler mit kubanischen Wurzeln. Die Kirche wurde für ihr Nachhaltigkeitskonzept ausgezeichnet. *Nonnenmühlgasse | Straßenbahnen 2, 8, 9, 10, 11, S-Bahn Wilhelm-Leuschner-Platz*

23 RIQUETHAUS (115 D3) ***(🕮 E9)***

Einen Hauch von Orient verbreitet das Riquethaus mit dem chinesisch geschwungenen Türmchen und den Elefantenköpfen überm Eingang. Die Architektur von 1909 steht für die Handelsbeziehungen der aus Frankreich stammenden Riquets: Die Familie handelte seit 1745 mit China- und Orientwaren. Dazu gab es schon immer Naschwerk aus eigener Produktion. Im Riquetcafé erinnern eine alte Registrierkasse und ein goldener Elefant an diese Tradition. *Schuhmachergässchen 1–3 | alle Straßenbahnen ins Zentrum, Augustusplatz*

24 SPECKS HOF (115 D3) ***(🕮 E9)***

Einkaufspassage mit kosmopolitischem Flair. Tradition und Moderne greifen harmonisch ineinander. Ein Blick in die Höhe der drei Lichthöfe lohnt sich! Sie wurden zur Neueröffnung 1995 mit Malereien, poppigen Keramikmedaillons und Wandfriesen ausgestaltet, die z. T. auf die Geschichte der Leipziger Messe anspielen. Von der Gediegenheit des 1908 eröffneten Messepalasts zeugen die dunklen Kupferdecken in den Passagen sowie die Bleiglasfenster an den Treppenaufgängen. Das Gebäude übernahm seinen Namen vom Vorgängerbau, der der Familie des Freiherrn Speck von Sternburg gehörte. Durchgang ins *Hansahaus* (1904–06). Im Zentrum des 600 m² großen Lichthofs steht eine INSIDER TIPP Kunstuhr samt Klangschale. Durch Reiben der Griffe kann man das Wasser darin zum Sprudeln bringen. *Reichsstr. 4–6/Grimmaische Str. | alle Straßenbahnen ins Zentrum, Augustusplatz*

25 STÄDTISCHES KAUFHAUS

(115 D3) (*Ⓜ E9*)

Die Passage mit vielen Läden *(s. auch Einkaufen, S. 69)* ist sozusagen Leipzigs begehbares Gästebuch: Dreidimensionale Handabdrücke und ein persönlicher Gegenstand von Promis wie Jon Bon Jovi, Claudia Schiffer oder Herbert Grönemeyer sind in den Boden einglassen und bilden die „Straße der Stars". Das neobarock gestaltete Städtische Kaufhaus entstand 1893–1901: Die Stadtbibliothek und das Messehaus der Tuchmacher wurden zu einem Komplex umgestaltet, der klassizistische Saal des Gewandhausorchesters dafür abgerissen. *Neumarkt 9–19 | Straßenbahnen 2, 8, 9, 10, 11, S-Bahn Wilhelm-Leuschner-Platz*

26 THOMASKIRCHE ★ ●

(114 C3) (*Ⓜ D9–10*)

Ihr Ruf geht weit über die Landesgrenzen hinaus. Er ist untrennbar verbunden mit den Thomanern, einem der besten Knabenchöre im deutschsprachigen Raum, und ihrem berühmtesten Kantor: Johann Sebastian Bach. Vor dem Südportal erinnert Carl Seffners Bach-Denkmal von

Beliebter Treffpunkt: die Wiese vor der Thomaskirche

1908 an den Komponisten. Seine sterblichen Überreste wurden 1950 aus der zerstörten Johanniskirche hierher überführt. Die Wurzeln des Thomanerchores liegen im 13. Jh. Damals gab es bereits einen Kirchenbau an der Stelle der heutigen Thomaskirche. Er wurde Ausgangspunkt des von Markgraf Dietrich gestifteten Augustiner Chorherrenstifts; die Schüler dieser Institution erhielten u. a.

eine Ausbildung in liturgischen Gesängen. Wenn die Thomaner nicht gerade auf Reisen sind und keine Schulferien haben, kann man freitags und samstags in den Genuss von INSIDER TIPP Motetten und Kantaten kommen (s. Kasten „Low Budget").

Am Pfingstsonntag 1539 predigte hier Martin Luther – dieser Tag gilt als Einführung der Reformation in Sachsen. Luther und Bach sind zwei der farbigen Fenster im Chorraum gewidmet. Das jüngste Fenster auf der Südseite wurde 2009 von dem Leipziger Maler David Schnell entworfen. Es trägt den Titel „Frieden". Der Kirchenbau selbst wurde häufig umgestaltet. 1496 ersetzte man das romanische Kirchenschiff durch eine spätgotische Halle. Sie wird überspannt von einem Dach, das mit 63 Grad Neigung das steilste Leipzigs ist. Der 68 m hohe Turm bekam 1702 seine barocke Haube. Die Grünfläche vor der Thomaskirche ist zu einem beliebten Treffpunkt für junge Leute geworden. *Tgl. 9–18, Gottesdienste So 9.30 und 18, Turmführungen April–Nov. Sa 13, 14, 16.30, So 14, 15 Uhr, 2 Euro | Thomaskirchhof 18 | www.thomaskirche.org | Straßenbahn 9 | Bus 89 Thomaskirche*

27 ZEITGESCHICHTLICHES FORUM LEIPZIG ● (115 D3) (*E9–10*)

Zum 10. Jahrestag der friedlichen Revolution von 1989 öffnete das Zeitgeschichtliche Forum 1999 seine Pforten. Das Ausstellungs-, Dokumentations- und Informationszentrum, das zur Stiftung „Haus der Geschichte" gehört, regt zur Auseinandersetzung mit der deutschen Nachkriegsgeschichte an. Diktatur und Widerstand sind die Pole, zwischen denen multimedial der Alltag der Menschen und die politische Historie in Szene gesetzt sind. Zu den Exponaten gehören Teile eines Fluchtautos, der alte Barkas (Lieferwagen), zum Gefangenentransport missbraucht, und Stücke der Berliner Mauer. *Di–Fr 9–18, Sa/So 10–18 Uhr | Eintritt frei | Grimmaische Str. 6 | www.hdg.de | alle Straßenbahnen ins Zentrum, Augustusplatz*

Leipziger Kaffeekultur: Kaffeehaus Zum Coffe Baum

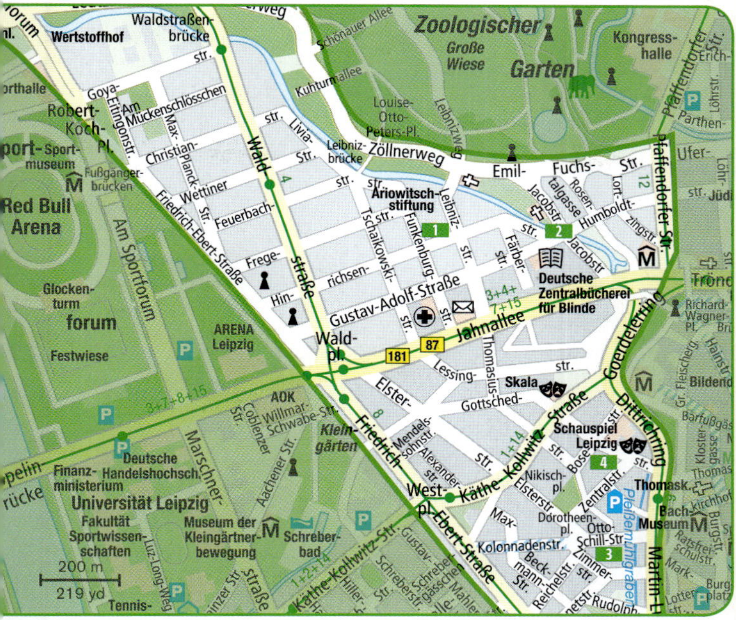

SEHENSWERTES WESTLICH DER CITY

1 Ariowitsch-Haus
2 Gustav-Adolf-Brücke
3 Kunsthalle der Sparkasse Leipzig
4 Synagogengedenkstätte Gottschedstraße
Fußgängerzone

28 ZUM ARABISCHEN COFFE BAUM
● (114 C2) (*🗺 D9*)

Das entzückende Fachmuseum ist ein Denkmal für die heiße Vorliebe der „Kaffeesachsen". Über enge Stiegen gelangen die Besucher in den 3. Stock, wo in heimeligen Räumen die Geschichte des Kaffees erzählt wird. Einmalig ist die originalgetreu nachgebildete orientalische Küche, liebenswert die Kaffeemühlenschau. Sogar eine Tasse, aus der Napoleon 1813 getrunken haben soll, wird gezeigt. Seit 1711 gibt es den Kaffeeausschank im *Coffe Baum*. Heute wählen Sie zwischen Wiener, Pariser oder arabischem Caféambiente. *Tgl. 11–19 Uhr | Eintritt frei | Kleine Fleischergasse 4 | Straßenbahn 9 Thomaskirche*

WESTLICH DER CITY

Wie eine Lebensader zieht sich die Waldstraße Richtung Norden vom Waldplatz durch das Karree bis zum Ausflugslokal Mückenschlösschen. Gesäumt von breiten Trottoirs, überragt von Gründerzeitfassaden, taugt sie trotz Bausünden und -lücken zum Großstadtboulevard.

Doch erst die Seitenblicke Richtung Zentralstadion im Westen und Rosental mit ● Zooschaufenster (s. S. 97) im Osten offenbaren den wahren Charakter als größtes Flächendenkmal Deutschlands. das Viertel iet eine Open-Air-Ausstellung für die Architektur des Historismus, des Jugendstils oder Neoklassizismus. Die schier endlosen Fluchten von Gründerzeithäusern waren Ausdruck bürgerlichen Wohlstands im 19. Jh. Bis 1933 prägte jüdisches Leben das Viertel, dann setzten die Nazis dem ein grausames Ende. Heute erinnert das Jüdische Be-

Leere Bronzestühle als Mahnmal: Synagogengedenkstätte Gottschedstraße

gegnungszentrum im *Ariowitsch-Haus* an diese Vergangenheit. Das stadt- und auwaldnahe Gebiet um die Waldstraße gilt als Nobelviertel mit aufwändig sanierten Wohnungen. In 200-Quadratmeter-Domizile mieten sich inzwischen auch gern Studenten-WGs ein. Das bunte Leben kehrt zurück. Wo gibt es schon einen Uhrmacher, der auch eine Galerie mit Werken von Hochschulabsolventen zur Schau stellt? Der Naturkostladen im Hof findet ebenso Kunden wie die schicke Kinderboutique. Die lebendige Mischung hat Geschichte. Denn einst gab es in der alten Ranstädter Vorstadt Geigen- und Sargbauer, hier schrieb Albert Lortzing die Oper „Zar und Zimmermann", und der Dichter Joachim Ringelnatz malte die Alte Elster in Öl. Der zugeschüttete Flusslauf wird derzeit aufwendig wieder freigelegt. Bummeln Sie von der Waldstraße über die Liviastraße bis zum Ariowitsch-Haus in der Hinrichsenstraße, und bestaunen Sie die herrschaftlichen Stadthäuser. Von hier aus ist man in fünf Minuten im Schauspielviertel, in dem sich erfolgreich eine Melange aus Kunst- und Kneipenszene plus reizender Läden durchgesetzt hat.

1 ARIOWITSCH-HAUS

(117 F5) *(🕮 D9)*

Das Haus war ein Altenheim für orthodoxe Juden, bis 1942 alle Bewohner in das KZ Theresienstadt verschleppt wurden. Seit 2009 dient das Haus als Zentrum jüdischer Kultur mit hervorragenden Veranstaltungen (Lesungen, Vorträge etc.) im runden, im Boden eingelassenen Saal. *Hinrichsenstr. 14 | Tel. 0341 22541000 | www.ariowitschhaus.de | Straßenbahn 3, 4, 7, 15 Leibnizstraße*

2 GUSTAV-ADOLF-BRÜCKE
(114 B1) *(D9)*

Brücke von 1873 mit neobarocken Geländerdetails. An der Kreuzung ist ein Platz mit Durchblick entstanden: Architekt Bernd Sikora ließ ein INSIDER TIPP „Auge" ins Pflaster ein, durch das man in den Elstermühlgraben schaut. Ein Lichtband sorgt für schöne Abendstimmung. An der Westseite des Platzes zeigt ein Bronzemodell die Vorstadt um 1840. *Alle Straßenbahnen ins Zentrum, Goerdelerring*

3 KUNSTHALLE DER SPARKASSE LEIPZIG (114 B3) *(D10)*

Sammlung mit 2500 Werken regionaler Künstler. Die Tradition der Leipziger Schule und junge Talente stehen im Mittelpunkt. *Di, Do–So 10–18, Mi 12–20 Uhr | Eintritt 5 Euro | Otto-Schill-Str. 4a | Straßenbahn 9, Bus 89 Thomaskirche*

4 SYNAGOGENGEDENKSTÄTTE GOTTSCHEDSTRASSE (114 B3) *(D9)*

„Der Tempel" wurde die Synagoge im islamisch-maurischen Stil genannt (1855). In der Pogromnacht vom 9. November 1938 brannten die Nazis das Bauwerk nieder. Heute findet sich hier eine schlichte, aber beeindruckende Gedenkstätte für die von den Nazis ermordeten Juden: 140 Bronzestühle stehen im Bereich des früheren Mittelschiffs. *Gottschedstr. 1/Ecke Zentralstr. | Straßenbahn 9, Bus 89 Thomaskirche*

SÜDLICH DER CITY

Die Karl-Liebknecht-Straße ist die Kultur- und Kneipenmeile der Studenten und Kreativen. Imposant: das Bundesverwaltungsgericht am Eingang zum Musikviertel mit der hohen Kuppel und dem Vorplatz.

Dahinter entstand Ende des 19. Jhs. innerhalb weniger Jahre das noble Musikviertel: In seinem Herzen stehen nahe beieinander die Universitätsbibliothek (1891), die Hochschule für Grafik und Buchkunst (1890), die Hochschule für Musik und Theater (1887) und das Neue Gewandhaus (im Krieg zerstört). Drumherum zogen vermögende Verleger, Kaufleute und Bankiers einen Ring mit 37 Prachtvillen, zumeist im Stil der italienischen Renaissance. Nach schweren Luftangriffen im Krieg stehen heute nur noch 15 dieser Palazzi an der Karl-Tauchnitz-Straße. Nicht weniger herrschaftlich waren bzw. sind die Mietshäuser in der Beethoven- und Schwägrichenstraße, deren Etagenwohnungen bis zu 300 m² maßen. Inzwischen haben Leipzigs 37 000 Studenten das Musikviertel und die benachbarte Südvorstadt in Beschlag genommen.

1 BUNDESVERWALTUNGSGERICHT ★ (114 B5–6) *(D10)*

Viele Leipziger haben noch den rußgeschwärzten Koloss in Erinnerung, in dem bis 1996 das Bildermuseum untergebracht war. Das ehemalige Reichsgericht wurde von Ludwig Hoffmann und Peter Dybwad errichtet (1888–95). Hier fanden spektakuläre Prozesse statt, u. a. 1907 der Hochverratsprozess gegen Karl Liebknecht und 1933 die Verhandlung nach dem Reichstagsbrand. Nach umfangreicher Sanierung zog 2002 das Bundesverwaltungsgericht ein. Besonders gelungen ist die Verbindung von alter Architektur und moderner Verwaltung. Das Dach wurde um eine Etage für Büros aufgestockt (von außen kaum sichtbar), die ehemalige Kutscheneinfahrt in eine Kantine umfunktioniert. Die Eingangshalle, ein kleines Museum und der Große Sitzungssaal können ohne Anmeldung besichtigt werden. *Mo–Fr 8–16 Uhr | Eintritt frei | Tel. 0341 2 00 70 | Führungen nach Online-Anmeldung: www.bverwg.de | Simsonplatz 1 | Straßenbahnen 2, 8, 9 Neues Rathaus*

2 CLARA-ZETKIN-PARK

(121 E–F2) *(🕮 C–D11)*

Leipzigs Stadtpark Nummer eins: Gärten im Stil des 19. Jhs., Wald- und Auenlandschaften fügen sich hier harmonisch aneinander. Im Sommer sind die Wiesen von Studenten belagert, im Winter ist Familienrodeln angesagt. Clara Zetkin (1857–1933) war die Begründerin der sozialistischen Frauenbewegung. Unter ihrem Namen wurden 1955 verschiedene historische Gärten zu einem „Kulturpark" vereint, u. a. der *Johannapark* **(121 F1)** *(🕮 D10)* zwischen Friedrich-Ebert-Straße und Marschnerstraße. Er wurde seinerzeit von Peter Joseph Lenné entworfen und bietet mit Teich, Fontäne und Brücken eine romantische Sicht hinüber zum Neuen Rathaus. Daran schließt sich bis zum Elsterflutbett der ehemalige *König-Albert-Park* **(121 E2)** *(🕮 C–D 10–11)* mit Blumenrabatten und einer Parkbühne an, auf der ab und an auch Popkonzerte stattfinden. Beim Wave-Gotik-Treffen zu Pfingsten gehört die Parkbühne zu den Hauptspielorten. Gegenüber, nahe der Karl-Tauchnitz-Straße, lädt das Parkrestaurant *Glashaus* (s. S. 63) zur perfekten Pause im Grünen ein (beliebt ist der Sonntagsbrunch). Jenseits des Elsterflutbetts erstreckt sich das Auenwald-Gebiet *Die Nonne* **(121 E3)** *(🕮 C11–12)* mit einem weitverzweigten Netz von Rad- und Spazierwegen. Wenn im Frühjahr der Bärlauch blüht, „duftet" es hier sehr intensiv. Der wilde Knoblauch ist als Gewürz und Gemüse auf den Speisekarten der Leipziger Restaurants angesagt. *Straßenbahnen 1, 2 Clara-Zetkin-Park*

Im weitläufigen Clara-Zetkin-Park ist genug Platz für alle

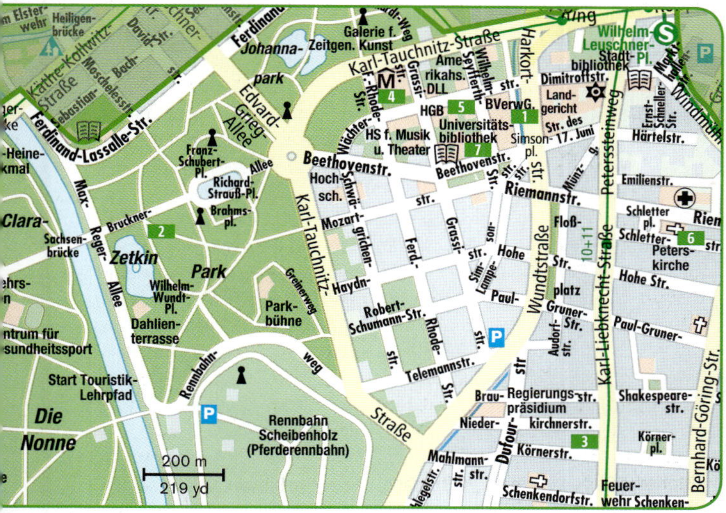

SEHENSWERTES SÜDLICH DER CITY

- 1 Bundesverwaltungsgericht
- 2 Clara-Zetkin-Park
- 3 Feinkost
- 4 Galerie für Zeitgen. Kunst
- 5 Hochschule für Grafik und Buchkunst
- Fußgängerzone
- 6 Peterskirche
- 7 Universitätsbibliothek

3 FEINKOST (122 B3) (*E12*)

Ein guter Ausgangspunkt, um die Kneipen- und Kulturmeile an der Karl-Liebknecht-Straße zu erschließen. Auf dem Gelände wurden zu DDR-Zeiten Suppen und Konserven hergestellt. Daran erinnert die Leuchtreklame der „Löffelfamilie" an der Wand. Gleich daneben: ein INSIDER TIPP Fotoautomat, der schwarz-weiße Erinnerungsfotos macht. In den Höfen hat sich eine alternative Szene angesiedelt – von der Fahrradwerkstatt bis zum Batikshop. *Karl-Liebknecht-Str. 38 | Straßenbahnen 10, 11 Südplatz*

4 GALERIE FÜR ZEITGENÖSSISCHE KUNST (114 A5) (*D10*)

Ein Ort kreativer Spannungen, das zeigt sich schon von außen: An die herrschaftliche Gründerzeitvilla fügt sich geradlinig ein moderner Kastenbau. Der Dresdner Architekt Peter Kulka gestaltete die Villa zum Domizil für zeitgenössische Kunst um. 1914–45 lebte hier der Zeitungsverleger Edgar Herfurth, Herausgeber der „Leipziger Neuesten Nachrichten", der Vorgängerin der heutigen „Leipziger Volkszeitung". Dazu kommt ein 1000 m² großer Ausstellungsneubau, in dem durch hohe Schiebewände zu jeder Ausstellung – bevorzugt junge, zeitgenössische Kunst und experimentelle Projekte – ein neues Raumerlebnis entsteht. Das Café im Neubau *(Mo–Sa 11–24, So 11–19 Uhr)* gestaltet alle 2–3 Jahre ein anderer Künstler. Am Wochenende wechselnde Veranstaltungen für ein junges Szenepublikum. Zwei Hotelzimmer im Kutscherhaus gehören zum Kunsterlebnis *(DZ 120 Euro).Di–Fr 14–19, Sa/So 12–18 Uhr, Führungen Sa/So 13 und 15 Uhr | Mi Eintritt frei, sonst 8 Euro (Neu- und Alt-*

bau) | Karl-Tauchnitz-Str. 11 | www.gfzk.de | Straßenbahnen 9, 8, 2 Neues Rathaus | Bus 89 Wächterstraße

5 HOCHSCHULE FÜR GRAFIK UND BUCHKUNST (114 B5) (*🕮 D10*)

Alle haben sie hier gelernt: Neo Rauch, David Schnell, Mathias Weischer. Die Maler der Neuen Leipziger Schule erobern schon seit einiger Zeit die (Kunst-)Welt im Sturm. Klingende Namen hatte die Schule immer schon zu bieten. Zu DDR-Zeiten unterrichteten hier Werner Tübke und Bernhard Heisig. INSIDER TIPP Interessante Nachwuchstalente entdeckt man beim *Rundgang* im Februar oder in den Ausstellungen der Galerie. *Di–Fr 12–18, Sa 10–15 Uhr | Eintritt frei | Wächterstr. 11 | Straßenbahnen 2, 8, 9 Neues Rathaus | Bus 89 Wächterstraße*

6 PETERSKIRCHE ● (114 C6) (*🕮 E11*)

Leipzigs größte neo-gotische Kirche (1882–85 erbaut) mit dem höchsten Kirchturm der Stadt (88 m) ist eine eindrucksvolle Kopie nordfranzösischer Kathedralen. Besonders wertvoll sind die Bleiglasfenster (Rosette und Chor) mit Darstellungen König Davids und der Verklärung Christi. Im gewaltigen Kirchenschiff finden auch Kulturveranstaltungen statt. *Schletterstr. 5 | Straßenbahnen 10, 11 Hohe Straße/LVB*

7 UNIVERSITÄTSBIBLIOTHEK (114 B5–6) (*🕮 D10*)

Wer genau auf die Farbe des Sandsteins achtet, wird entdecken, dass der Ostflügel der prachtvollen Universitätsbibliothek ein Neubau ist. 1888–91 entstand die Bibliothek nach Plänen des Leipziger Architekten Arwed Roßbach im Stil der italienischen Renaissance. Die Bomben des Zweiten Weltkriegs zerstörten große Teile des Gebäudes, bis 1992 wuchsen Bäume zwischen den Mauern. Danach wurde die Bibliothek umfassend erneuert und 2002 wieder eröffnet. Prachtvoll ist die Freitreppe mit den ionischen Säulen und der Glaskuppel. Auch der ehemalige Posthof, jetzt glasüberdachter Lesesaal, ist ein Prunkstück. Die 1543 gegründete *Bibliotheca Albertina* umfasst über 5 Mio. Bände, eine bedeutende Sammlung mittelalterlicher Handschriften, 3500 Inkunabeln sowie eine Papyrus- und Autografensammlung. *Besichtigung nur mit Führung am 2. So im Monat 11 Uhr | 6 Euro | Beethovenstr. 6 | Straßenbahnen 2, 8, 9 Neues Rathaus*

SÜDÖSTLICH DER CITY

Einst schlug im Grafischen Viertel das Herz der Buchstadt Leipzig. Heute umweht ein Hauch von Nostalgie die Reste der großen Tradition: Hinter dem Haus des Buches zeugen verwitterte Backsteinmauern vom einst prächtigen Buchhändlersitz.

Die großen Leipziger Verlage – Insel, Brockhaus, Seemann – sind längst in den Westen abgewandert, ihre Häuser werden als Büros vermietet. Auch die Nachlässe sind nur in seltenen Fällen öffentlich zugänglich. Umso mehr lohnt sich ein Besuch der liebevoll restaurierten INSIDER TIPP Wohnungen von Felix Mendelssohn Bartholdy und Robert Schumann, die ebenfalls in diesem Viertel residierten. Edvard Grieg schlug sein Quartier, wenn er in die Stadt kam, im *Musikverlag C. F. Peters (Talstr. 10 | Mi–Fr 14–17, Sa 10–14 Uhr | Eintritt frei)* auf. Eindrucksvoll ist auch das Grassimuseum. Der Komplex aus rotem Porphyrtuff ist ganz im Art déco gehalten und beherbergt drei außergewöhnliche Schausammlungen.

1 BAYERISCHER BAHNHOF
(115 E6) (*🕮 E11*)

Der Kopfbahnhof wurde 1840–44 für den Bahnverkehr nach Süden errichtet (der Hauptbahnhof war für den Verkehr nach Norden zuständig). Als Wahrzeichen ist heute nur der klassizistische Portikus mit vier Bögen und Türmen erhalten, einst der Eingang zur Bahnhofshalle. Urig ist das benachbarte Gasthaus in einem Teil des alten Bahnhofs *(s. Essen & Trinken, S. 62)*. Dort wird in riesigen kupfernen Gefäßen die Gose frisch gebraut. *Bayrischer Platz 1 | Straßenbahnlinien 2, 9, 16, S-Bahn Bayrischer Platz*

2 BOTANISCHER GARTEN ●
(122 C2) (*🕮 F11*)

Gegründet wurde der Botanische Garten der Universität im 16. Jh. als Kräuter- und Heilpflanzengarten. Auf dem 3 ha großen Gelände werden heute ca. 9000 Pflanzenarten kultiviert. Attraktionen sind die Schaugewächshäuser mit Palmen-, Farnhaus, Kakteen- und Orchideenausstellung. Im Sommer tummeln sich im INSIDER TIPP Schmetterlingshaus über 200 farbenprächtige Falter. *Freiland tgl. Nov.–Feb. 9–16, März/April 9–18, Mai–Sept. 9–20, Okt. 9–18 Uhr, Duft- und Tastgarten im Friedenspark im Winter geschl., Gewächshäuser Okt.–März Di–Fr 13–16, Sa/So 10–16, April–Sept. Di–Fr 13–18, Sa/So 10–18 Uhr | Linnéstr. 1 | Straßenbahnen 2, 16 | Bus 60 Johannisallee*

Herrschaftlich: die Freitreppe in der Universitätsbibliothek

3 GRASSIMUSEUM ★ ●
(115 F3–4) (*🕮 F10*)

Die drei Grassi-Sammlungen – das *Museum für Angewandte Kunst,* das *Museum für Völkerkunde* und das *Museum für Musikinstrumente* – gruppieren ihre Ausstellungsräume mit über 10 000 m² Fläche rund um zwei grüne Innenhöfe. Das rötliche Gebäude mit Elementen aus dem in Leipzig gerne verwendeten roten Porphyrtuff wurde 1925–29 im Stil des Art déco gebaut. Das in den letzten Jahren vollständig sanierte Gebäude ist nicht nur äußerlich ein architektonisches Juwel, sondern beeindruckt auch im Innern mit dem lichten Treppenhaus und der im Art déco gestalteten Pfeilerhalle mit ihrem käftigen rot-blau-goldenen Farbakkord. Außen wurde eine ananasförmige Dachbekrönung als markantes Wahrzeichen wiederhergestellt. *Di–So 10–18 Uhr | Eintritt komplett 15 Euro, am 1. Mi des Monats Eintritt frei | Johannisplatz 5–11 | www.grassimuseum.de | Straßenbahnen 4, 7, 12, 15 Johannisplatz*

Museum für Völkerkunde (Eintritt 8 Euro): Anschaulich, kurzweilig und phantasievoll ordnen sich hier Kunst- und Alltagsobjekte zu einem Panorama der Völker aller Kontinente. Das Tipi, eine Jurte und ein indisches Lehmhaus können auch betreten werden. Das Museum hat den zweitgrößten Bestand in Deutschland und zählt europaweit zu den bedeutendsten völkerkundlichen Sammlungen. Besonders empfehlenswert: die gründlich kitsch-bereinigte Ausstellung über die Urvölker Amerikas.

Australische Volkskunst im Grassimuseum

Museum für Musikinstrumente (Führung So 11 Uhr | Eintritt 6 Euro): Spezifisch für die Musikstadt Leipzig ist diese umfangreiche Sammlung der Universität, die aus einer Privatsammlung hervorgegangen ist. Das Museum verfügt über rund 5000 Instrumente und Musikautomaten, viele aus der Bachzeit. Es vermittelt die Geschichte der Instrumentenbaukunst vom ältesten Klavier der Welt bis zur Harfe. Im INSIDER TIPP Klanglabor können Sie einiges ausprobieren, z. B. auf einem Plexiglasklavier selbst musizieren.

Museum für Angewandte Kunst (Eintritt 8 Euro): 1920 fand die erste Grassimesse statt, da war das Museum noch gar nicht fertig. In den folgenden Jahren wurde die Messe zu einem festen Treffpunkt der „Moderne", besonders der Bauhaus-Künstler aus Weimar und Dessau, die mit ihren revolutionären Entwürfen für Möbel, Gebrauchsgegenstände und Accessoires den Ruf des Museums begründeten. Doch man tut der Sammlung Unrecht, wenn man sie nur auf das Kunsthandwerk des 20. Jhs. reduziert. Eines der ältesten Stücke ist die nur 33 cm große filigrane Figur des Erzengels Michael aus geschnitztem Elfenbein, die aus der Karolingerzeit um 800 n. Chr. datiert. Sehenswert sind auch komplette Inneneinrichtungen aus allen Epochen (im 1. Rundgang), ein gewaltiges sächsisches Kruzifix aus dem 15. Jh. sowie der römische Tapetensaal (18. Jh.) aus dem Schloss Eythra, der gerettet werden konnte, bevor das Herrenhaus seinerzeit dem Braunkohletagebau zum Opfer fiel. Höhepunkt der Sammlung ist

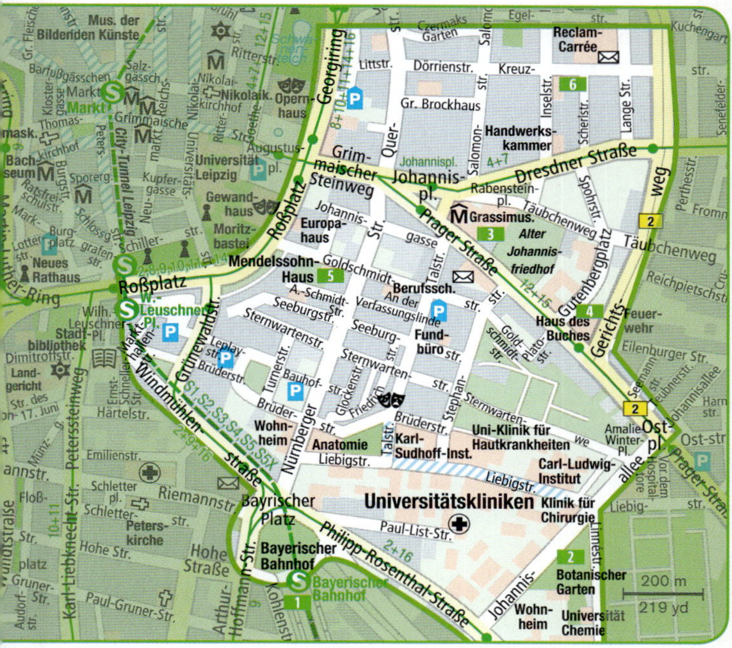

SEHENSWERTES SÜDÖSTLICH DER CITY

1 Bayerischer Bahnhof
2 Botanischer Garten
3 Grassimuseum
4 Haus des Buches
5 Mendelssohn-Haus
6 Schumann-Haus

der 3. Rundgang „Vom Jugendstil bis zur Gegenwart", der Meisterwerke des modernen Designs und Kunsthandwerks wie z. B. INSIDER TIPP Ludwig Mies van der Rohes Barcelona-Chair von 1929 oder eine von Jean Cocteau entworfene Vase zeigt.

4 HAUS DES BUCHES

(122 C1) (*F10*)

Zwischen Gutenbergplatz und Gerichtsweg residierte bis 1943 der Börsenverein der Deutschen Buchhändler. Das Haus des Buches, 1996 eingeweiht, entstand nach Plänen der Leipziger Architekten Angela Wandelt und Gerd Heise. Der moderne Klinkerbau mit verglasten Innenhöfen beherbergt wieder Verlage, Redaktionen und Vereine. Vor allem aber finden Lesungen statt: Literaturstars, aber auch Debütanten geben sich die Ehre. Im *Literaturcafé* gibt es preiswerte, gute Kost für Büchermenschen und Besucher. Von der Terrasse haben Sie den Blick auf die verwitterte Fassade der alten Buchhändlerbörse. *Gerichtsweg 28 | Tel. 0341 9954134 | www.haus-des-buches-leipzig.de | Straßenbahnen 12, 15 Gutenbergplatz*

5 MENDELSSOHN-HAUS

(122 B1) (*E10*)

In der Goldschmidtstraße verbrachte Felix Mendelssohn Bartholdy seine letzten beiden Lebensjahre (1845–47). Leipzig hat dem Komponisten viel zu verdanken: Er entdeckte die fast schon vergessenen Bach-Oratorien wieder, gründete das Musikkonservatorium und mehrte den Ruhm des Gewandhausorchesters als dessen Kapellmeister. Das Arbeitszimmer konnte dank eines alten Bildes mit Originalmöbeln rekonstruiert werden, im Biedermeiersaal finden wie einst stimmungsvolle und sehr beliebte INSIDER TIPP Sonntagskonzerte statt. Das Museum wurde 2014 komplett erneuert. Es zeigt die Musiktradition des Hauses nun in modernem Gewand. Am digitalen Pult können Sie selbst ein Orchester dirigieren, ein großer Raum im Hofgebäude bietet viele Anregungen vor allem für kleinere Kinder. *Tgl. 10–18 Uhr | Eintritt 7,50 Euro | Goldschmidtstr. 12 | www.mendelssohnhaus.de | alle Straßenbahnen ins Zentrum, Augustusplatz*

6 SCHUMANN-HAUS

(118 C6) (*F9*)

Vier glückliche Jahre verlebten Robert und Clara Schumann in dieser Beletage. Hier zog das Paar 1840 nach der Hochzeit ein und bekam zwei Kinder. Richard Wagner, Felix Mendelssohn Bartholdy, Franz Liszt und Hector Berlioz gingen bei den Schumanns ein und aus; Robert Schumann schrieb hier das Klavierkonzert a-moll, die Frühlingssinfonie und zahlreiche Lieder. Heute ist in dem Gebäude eine Grundschule untergebracht, in der 1. Etage wurden aber die Räume der Schumanns rekonstruiert und der Öffentlichkeit zugänglich gemacht. Im Musiksalon finden Konzerte und Begegnungen statt. *Ausstellung Di–Fr 14–18, Sa/So 10–18 Uhr | Eintritt 3 Euro | Führung So 15 Uhr, 1,50 Euro | alle 14 Tage Sa Konzert um 17 Uhr | Inselstr. 18 | www.schumann-verein.de | Straßenbahnen 4, 7, 12, 15 Johannisplatz*

AM RAND DER STADT

DEUTSCHE NATIONALBIBLIOTHEK

(123 D3) (*F12*)

Mehr als 13 Mio. Bände lagern in der Deutschen Nationalbibliothek Leipzig, die 1912 vom Börsenverein der Deutschen Buchhändler gegründet wurde. Seither werden alle deutschsprachigen Veröffentlichungen im In- und Ausland gesammelt. 1990 Zusammenschluss mit der Deutschen Bibliothek in Frankfurt/M. Das konkave Hauptgebäude wurde 1914–16 von Oskar Pusch errichtet. Prächtiger, doppelstöckiger Lesesaal.

Im modernen Erweiterungsbau ist neben Magazinen das *Deutsche Buch- und Schriftmuseum* untergebracht. Von außen erinnert der mit einem aluminiumfarbenen „Umschlag" verkleidete Neubau an ein liegendes Buch. Die Dauerausstellung zeigt u. a. mittelalterliche Handschriften, frühe Bibeldrucke und kunstfertig gestaltete Bände des frühen 20. Jhs. Praktisch: Die wertvollen Exponate werden durch selbstregulierende UV-Filter im Fensterglas geschützt. Ebenfalls im Erweiterungsbau ist das *Musikarchiv* untergebracht, in dem Tonträger bis zurück ins 19. Jh. aufbewahrt sind. Auf digitalen Klaviaturen können „Leser" Partituren auch selbst anspielen. *Di–So 10–18, Do 10–20 Uhr, Führung am 3. So jeden Monats 12.30 Uhr | Eintritt frei | Deutscher Platz 1 | www.dnb.de | Straßenbahnen 2, 16 Deutscher Platz*

FOCKEBERG

(122 A4) (*D12*)

Bis auf eine Höhe von 153 m über NN wurde der Fockeberg nach dem Krieg mit Trümmern aufgeschüttet. Heute dient der Rundweg zum Gipfel der sportlichen Ertüchtigung (Fockelauf und Seifenkistenrennen) junger Stadtbewohner. Das Plateau wird gerne für Barbecues genutzt. Der Blick auf die Skyline der Innenstadt zählt zu den schönsten in Leipzig. *Fockestraße | Bus 89 Steinstraße*

MDR SENDEZENTRALE UND MEDIACITY (122 B–C4) (*E–F12*)

Auf dem ehemaligen Schlachthof hat der MDR Quartier bezogen. Von hier strahlt der Rundfunk die Flagschiff-Sendungen „MDR Aktuell", „Fakt ist" und „Hier nach Vier" aus. Nebenan befinden sich die Studios der beliebten TV-Serie „In aller Freundschaft". Wer hinter die Kulissen schauen will, hat dazu auf einer der INSIDER TIPP Studiotouren durch die *Mediacity* Gelegenheit. *Studiotour tgl. 9, 10, 11, 12, 13, Fr auch 19 Uhr (Fr nur nach Voranmeldung) | Eintritt 10 Euro | Tel. 0341 35002500 | Treffpunkt Haupteingang MDR | Kantstr. 71–73 | Bus 70 Altenburger Straße*

MUSEUM FÜR DRUCKKUNST (121 D2) (*B11*)

Da staunen Computer-Kids: Es riecht nach Farbe und Maschinenöl, und an mancher Maschine können sie selbst drucken oder Meilensteine der Geschichte des grafischen Gewerbes entdecken: Schriftgießerei, Buchbindergeäte, Hand- und Tiegeldruckpressen sowie Zylinderdruck- und Setzmaschinen, darunter so komplizierte Gebilde wie Typograf und Linotype. Die seltenste der prachtvollen Handpressen ist eine englische Paragon (1832). Zu den Besonderheiten der Setzerei gehört ein Satz Hieroglyphen. *Mo–Fr 10–17, So 11–17 Uhr | Eintritt 6 Euro | Nonnenstr. 38 | Straßenbahn 1, 2 Holbeinstraße | Straßenbahn 14 Nonnenstraße*

NEUE MESSE ★ (126 B2–3) (*F–G2*)

Nach drei Jahren Bauzeit wurde 1996 das rund 100 ha große Gelände in Seehausen am nördlichen Stadtrand eröffnet. Mittelpunkt ist die halbrunde, gigantische Glas-Stahl-Konstruktion des Architektenteams von Volkwin Marg. Sie ist gut 240 m lang, 80 m breit und fast 30 m hoch. An dem kühnen Gebilde wirkte auch Ian Ritchie mit, der Konstruk-

Ultramodern: Leseplätze in der Deutschen Nationalbibliothek

teur der Glaspyramide des Pariser Louvre. Die 5500 Fensterscheiben des Messepalasts werden von einem eigens dafür entwickelten Reinigungsroboter geputzt. Ein schmaler Turm, der gleichzeitig als Schornstein dient, trägt das traditionelle Leipziger Messe-Signet. *Messe-Allee 1 | Tel. 0341 6780 | Straßenbahn 16, S-Bahn 1 Leipzig Messe*

Zum 100. Geburtstag frisch renoviert: Völkerschlachtdenkmal

INSIDER TIPP PANOMETER
(122 C4) (*🕮 F13*)

Gigantisches Panorama im alten Gasspeicher: Von einer Plattform in der Mitte betrachtet der Besucher Rundbilder zu geschichtlichen oder naturwissenschaftlichen Ereignissen. Bis in kleinste Detail komponiert Yadegar Asisi die Darstellungen maßstabs- und perspektivgetreu anhand von Fotos, Zeichnungen und digitalen Daten, bevor sie auf riesige Stoffbahnen gedruckt werden. *Di–Fr 10–17, Sa/So 10–18 Uhr | Eintritt 10, Kombiticket mit MDR-Studiotour 15 Euro | Richard-Lehmann-Str. 114 | Straßenbahn 9 A.-Hoffmann-, R.-Lehmann-Straße | Bus 70 R.-Lehmann-, Altenburger Straße*

SÜDFRIEDHOF (123 E5) (*🕮 G–H13*)

Der mit 80 ha zweitgrößte Parkfriedhof Deutschlands (nach Hamburg-Ohlsdorf) wurde 1886 angelegt und ist wegen seines alten Baumbestands, seiner botanischen Raritäten und künstlerischen Grabmale einen Spaziergang wert. Hier wurden u. a. Leipzigs erster Nachkriegsoberbürgermeister Erich Zeigner, Gewandhauskapellmeister Arthur Nikisch und die Maler Wolfgang Mattheuer und Werner Tübke beerdigt. *Friedhofsweg 3 | Straßenbahn 15, S-Bahn 1 Völkerschlachtdenkmal*

VÖLKERSCHLACHTDENKMAL ★
(123 E4) (*🕮 H13*)

Fast eine Million Besucher zieht der riesige Denkmalsbau Jahr für Jahr an. Er wurde 1913 eingeweiht – 100 Jahre, nachdem die europäischen Verbündeten in der Völkerschlacht bei Leipzig Napoleon und seine Truppen in die Flucht geschlagen hatten. Die Feierlichkeiten im Oktober 1913 waren ein nationales Ereignis. Der Kaiser reiste an, deutsche Fürsten und Vertreter der Herrscherhäuser Schwedens, Russlands und Österreichs. Randnotiz: Die Sachsen gehörten 1813 zu den Verlierern, sie schlugen sich nämlich für den französischen Despoten. Im Denkmal dokumentiert eine Ausstellung die Baugeschichte. In der Krypta halten 16 steinerne Krieger Totenwache. Die kolossalen allegorischen Figuren in der Ruhmeshalle (Tapferkeit, Glaubens-

stärke, Opferfreude und Volkskraft) ragen 10 m in die Höhe. Dagegen muten die 324 fast lebensgroßen Reiterfiguren in der Kuppelhalle geradezu winzig an. Die gute Akustik können Sie bei einer Aufführung des Völkerschlachtdenkmal-Chores genießen. Bis 2013, dem 100. Jahrestag der Denkmalsweihe, wurde der 300 000 t schwere Koloss saniert. Beeindruckend ist der Blick von der 91 m hohen INSIDER TIPP Aussichtsplattform. Wenn Ihnen der Aufstieg über die 364 Stufen zu anstrengend ist, nehmen Sie den Lift von der Krypta zum ersten Außenrundgang. Im *Forum 1813* am Fuß des Denkmals ist eines der Schlachtfelder rund um Leipzig nachgestellt. 3500 Zinnfiguren zeigen auf einer 18 m^2 großen Fläche den Kampf um das Dorf Probstheida, dessen Ausgang Napoleons Herrschaft in Europa brechen sollte. Außerdem sind 350 Originalexponate von Uniformen bis zu Münzen zu sehen. *Völkerschlachtdenkmal und Forum April–Okt. tgl. 10–18, Nov.–März tgl. 10–16 Uhr | Eintritt 6 Euro | Prager Str. | Straßenbahn 15, S-Bahn 1 Völkerschlachtdenkmal*

AUSFLÜGE

MULDENTAL (127 D–E4, E5) *(🗺 O)*
Gleich hinter Leipzig (nach Osten) werden die Wiesen weiter, sanfte Hügel erstrecken sich bis zum Muldeufer. Das wird gesäumt von Dörfern und Städtchen, von denen *Grimma* als eines der schönsten gilt (Anfahrt: A14 Richtung Dresden, Ausfahrt Grimma). In Grimma besteigen Sie an der Anlegestelle Hängebrücke eines der Schiffe, die ins zauberhafte Kloster- und Mühltal starten. 20 Min. später sind Sie an der *Schiffsmühle Höfgen* (auch Gastronomie). Zur Ruine des Klosters *Nimbschen*, dem Leidensort der Katharina von Bora, gelangen Sie mit einer Seilfähre über den Fluss und über einen Waldweg. Sie können auch von Grimma aus am Fluß entlangwandern.

NEUSEENLAND
(126 B4) *(🗺 A–C 17–18)*
Vor der Wende rissen hier Schaufelradbagger die Erde auf, seit den 1990er-Jahren steht das ehemalige Tagbebaugebiet im Leipziger Süden für Landschaftswandel im Großformat. 15 Seen entstehen in den Tagebaurestlöchern, der mit 970 ha größte ist der *Zwenkauer See*. Vor den Toren Leipzigs hat sich der ★ *Cospudener See* zum Paradies für Angler, Taucher, Surfer und Segler entwickelt. Schön ist die Radtour rund um den See (11 km). Am Yachthafen Pier 1 *(Hafenstr. 23 | Markkleeberg)* werden Sportgeräte verliehen, mehrere Restaurants stehen zur Wahl. Daneben beginnt die ● *Costa Cospuda*: Am aufgeschütteten Sandstrand trifft sich im Sommer ganz Leipzig. Action versprechen Quadtouren am Cospudener oder Hainer See *(Anmeldung: Tel. 0341 35 04 81 69 | www.quadtour-wiggela.de | ab 69 Euro)* und Wildwasser-Rafting am *Markkleeberger See* (s. S. 102).

ESSEN & TRINKEN

Das bekannteste Gericht der Messemetropole war lange Zeit kein Aushängeschild. Bei Leipziger Allerlei denken viele an eine Dose trüber Gemüsebrühe. Doch inzwischen genießt die Leipziger Küche einen hervorragenden Ruf: Erst revolutionierten die „jungen Wilden" das traditionelle Allerlei, dann eroberten die Gourmetchefs das Terrain.

Ende 2008 stieg das *Falco* als erstes Restaurant im Osten in die deutsche Spitzenklasse auf, auch dem *Stadtpfeiffer* sagen Kritiker exzellente Kochkunst nach. Nun ist die Qual der Wahl also perfekt: Soll's deftig-sächsisch sein – Rotkraut mit Äpfeln und Klößen, Blut- oder Leberwurst auf der Schlachteplatte? Oder modern, leicht, vegetarisch? Leipzigs Restaurants öffnen und schließen in schnellem Wechsel, der Wettbewerb ist hart. Im oberen Segment liefert sich eine Schar ehrgeiziger Köche ein heißes Kopf-an-Kopf Rennen. Erlesene Zutaten, raffinierte Speisen an ungewöhnlichen Orten lautet ihr Rezept, an den Preisen lässt sich das auch ablesen. Oder lieber nur eine Tasse Kaffee in historischem Ambiente genießen? Ihr Schälchen „Heeßen" lassen sich alle Sachsen gerne schmecken. Nicht umsonst steht in Leipzig mit dem *Coffe Baum* eines der ältesten Kaffeehäuser Europas, und gegen das Flair des *Café Grundmann* kommt keine Kaffeekette dieser Welt an. Noch ein Tipp: Viele Restaurants in der Innenstadt bieten günstige Mittagsmenüs an, abends sollten Sie eines der trendigen Lokale in den Stadtvierteln rund ums Zentrum besuchen!

Bild: Restaurant Sol y Mar

Auf keinen Fall nur Allerlei: Junge Wilde schwingen in Leipzig den Löffel – und mischen die traditionelle Küche neu auf

CAFÉS & BISTROS

ALTE NIKOLAISCHULE (115 D3) (*🕮 E9*)
Leckeres Essen in historischem Ambiente. Im heutigen Schankraum paukten früher Gottfried Wilhelm Leibniz und Richard Wagner. *Tgl. | Nikolaikirchhof 2 | Tel. 0341 2118511 | alle Straßenbahnen ins Zentrum, Augustusplatz*

BROT UND KEES (124 B4) (*🕮 D17*)
Kleines Café „wie zu Omas Zeiten" mit großer Terrasse unter alten Linden im Kees'schen Park am Cospudener See. Alle Zutaten fürs Frühstück, für Suppen und Sandwiches stammen aus kontrolliert ökologischem Anbau; der kleine Laden führt Proviant für ein Picknick. Und falls Sie nicht mehr wegwollen: Buchen Sie eine der vier INSIDER TIPP liebevoll eingerichteten Ferienwohnungen *(min. zwei Nächte, ab 74 Euro). Café und Laden Di–So 8–19, im Winter 8–18 Uhr | Kees'scher Park 1 | Zufahrt über Lauersche Str. | Markkleeberg | Tel. 0341 26451181 | Überlandbusse 107, 108 Gautzscher Platz*

INSIDER TIPP **CAFÉ GRUNDMANN** (121 F3) (*D11*)
Hier lebt Art déco in jedem Detail, und die Leipziger stehen sonntags geduldig Schlange, um den köstlichen Kuchen mitzunehmen. Originell der *Timelunch* ab 11 Uhr: Das Tagesgericht wird billiger, je früher man bestellt. *Tgl. | August-Bebel-Str. 2 | Tel. 0341 2 22 89 62 | Straßenbahnen 9, 10 Südplatz | Bus 89 Schenkendorfstraße*

Traditionsadresse im Zeichen der Elefantenköpfe: Kaffeehaus Riquet

CAFÉ KANDLER (114 C3) (*D–E 9–10*)
Zu DDR-Zeiten logierte hier das *Teehaus*; und noch heute gibt es neben den zahlreichen Kaffee- auch Teespezialitäten. Eine berühmte Kandler-Kreation ist der „Bachtaler" mit einem Kaffeebohnenkern. *Tgl. | Thomaskirchhof 11 | Tel. 0341 2 13 21 81 | Straßenbahn 9 Thomaskirche*

CAFÉ MACIS (114 C4) (*D10*)
Im Café am Biomarkt und im benachbarten Restaurant gibt's **INSIDER TIPP** mittags köstliche Salate, Suppen und Eintöpfe, alle in Bioqualität, für ca. 5 Euro. *Mo–Sa 8–20 Uhr | Markgrafenstr. 10 | Tel. 0341 22 28 75 17 | Straßenbahn 9 | Bus 89 Thomaskirche*

CAFÉ MAÎTRE (122 A–B3) (*E12*)
Wunderbares Jugendstilcafé, Treffpunkt von Dichtern und Denkern. **INSIDER TIPP** In der feinen Patissereie nebenan gibt es Gebäck und Schokolade zum Mitnehmen. *Tgl. ab 10 Uhr | Karl-Liebknecht-Str. 62 | Tel. 0341 30 32 89 24 | Straßenbahnen 10, 11 Kurt-Eisner-Straße*

KAFFEEHAUS RIQUET (115 D3) (*E9*)
Klassisches Kaffeehaus im Zeichen des Rüssels: Die beiden Elefantenköpfe am

Eingang erinnern an die Tradition des Kolonialwarenhauses Riquet & Co. Heute schlürfen Liebhaber „Elefantenkaffee" mit Likör und genießen den beflissenen Service der spitzenbesetzten Serviererinnen. *Tgl. | Schuhmachergässchen 1 | Tel. 0341 9 61 00 00 | alle Straßenbahnen ins Zentrum, Augustusplatz*

KÜMMEL-APOTHEKE ★
(114 C3) *(🗺 E9)*
Sehen und gesehen werden – einen besseren Platz dafür gibt es in Leipzig nicht: An der Rotunde der Mädlerpassage liegt dieses Edel-Bistro, ein Refugium für Flaneure. *Tgl. | Grimmaische Str. 2–4 | Tel. 0341 9 60 87 05 | alle Straßenbahnen ins Zentrum, Goerdelerring*

STEIN CAFÉ (114 C2) *(🗺 E9)*
Sonniger kann man den Tag nicht beginnen. Gemütlich auf der Terrasse sitzen, das Markttreiben beobachten und dabei frühstücken! *Tgl. 8–23 Uhr | Katharinenstr. 2 | Tel. 0341 2 12 22 33 | S-Bahn, Bus 89 Markt | alle Straßenbahnen ins Zentrum, Goerdelerring*

TELEGRAPH ★ (114 C2) *(🗺 D9)*
In edler Pariser Bistroatmosphäre wählen Sie aus der breit gefächerten Frühstückskarte oder dem Menü auf dem schwarzen Brett. Feste Adresse für Leipziger Medienleute, abends gibt's Konzerte im Jazzkeller. Gute Auswahl an internationalen Zeitungen. **INSIDER TIPP** Von 8–9 Uhr gibt's jedes Frühstück für 7,50 Euro. *Tgl. | Dittrichring 18 | Tel. 0341 1 49 49 90 | Straßenbahn 9 | Bus 89 Thomaskirche*

THE ENGLISH ROOM ●
(121 E1) *(🗺 C10)*
Der wunderbare *English Room* gehört eigentlich zu einer Sprachschule, serviert Scones und Cheesecake aber auch Gästen. Zum stilvollen Ambiente gehören Ledersofas und eine Terrasse zum Garten. *Mo–Fr 11–22 Uhr | Käthe-Kollwitz-Str. 54 | Tel. 0341 22 52 99 80 | Straßenbahn 1, 2, 14 Marschnerstraße*

TONIS ICECREAM (121 D3) *(🗺 B11)*
Das glutenfreie Öko-Eis in exotischen Sorten hatte sich Toni Paschke ursprünglich für ihren Sohn ausgedacht. Inzwischen hat es viele Fans gefunden. Einen Verkaufsstand gibt's auch in der Mädlerpassage. *Im Sommer tgl. 12–20 Uhr | Könneritzstr. 21 | Tel. 0341 2 48 35 70 | Straßenbahnen 1, 2 Stieglitzstraße*

MARCO POLO HIGHLIGHTS

★ Münsters
Gehobene, unkomplizierte Küche, kombiniert mit hervorragenden Weinen → S. 61

★ Kümmel-Apotheke
Frische Austern in der edlen Mädlerpassage schlürfen → S. 59

★ Telegraph
Nicht nur unter Journalisten eine feste Adresse für ein gutes Frühstück → S. 59

★ Pilot
Theaterkneipe mit blitzblanker Küche und gemütlichem Secondhand-Mobiliar → S. 63

★ Café Cantona
Sonnenterrasse, gute Küche und abends Fußball oder Tatort → S. 65

★ Sole Mio Seeterrasse
Spektakulärer Blick über den See, während die Sonne untergeht → S. 64

ZUM ARABISCHEN COFFE BAUM
(114 C2) *(D9)*
Seit 1711 genießen die Sachsen hier ihr „Schälchen Heeßen", und so gilt der *Coffe Baum* neben dem Pariser *Procope* als ältestes Kaffeehaus Europas. Im 1. Stock: das edle *Lusatia (Di–Sa 18–24 Uhr | €€€)*. *Tgl. 11–19 Uhr | Kleine Fleischergasse 4 | Tel. 0341 9 61 00 61 | Straßenbahn 9 Thomaskirche | S-Bahn, Bus 89 Markt*

RESTAURANTS €€€

MAX ENK (115 D3) *(E10)*
Im lichten Saal wird an weiß gedeckten Tischen fein gespeist; der bekannte Gas-

GOURMETTEMPEL

Falco (114 C1) *(E9)*
Zwei Michelinsterne, etliche Auszeichnungen: Das *Falco* in der 27. Etage des Hotels *Westin* steht für höchste Kochkunst. Starten Sie mit einem Drink an der Bar mit Blick auf Leipzigs Skyline. Küchenchef Peter Maria Schnurr steht für leichte französische Küche. Fünf-Gänge-Menü ab 155 Euro. *Di–Sa ab 18 Uhr | Gerberstr. 15 | Tel. 0341 9 88 27 27 | www.falco-leipzig.de | alle Straßenbahnen ins Zentrum, Hauptbahnhof*

Heine (121 D2) *(B10–11)*
Im ehemaligen Kutscherhäuschen haben nur wenige Tische Platz, die Karte ist klein und erlesen. Lauschig: in einer Sommernacht am Tisch im Park speisen. Dreigangmenü ab 59 Euro. *Di–Sa 18–24 Uhr | Karl-Heine-Str. 20 | Tel. 0341 8 70 99 66 | www.restaurant-heine.de | Straßenbahn 14 Nonnenstraße*

Historische Weinstuben in Auerbachs Keller (115 D3) *(E9)*
In den geschichtsträchtigen Kellergewölben aus dem 16.–19. Jh. erwartet Sie gutbürgerlich-sächsische Küche mit edlen Zutaten. Illustre Gästeliste von Luther bis Goethe. Menü ab 55 Euro. *Mo–Sa 18–24 Uhr | Grimmaische Str. 2–4 | Tel. 0341 21 61 00 | www.auerbachs-keller-leipzig.de | alle Straßenbahnen ins Zentrum, Augustusplatz*

Macis (114 C4) *(D10)*
Nichts lenkt hier vom Essen ab. Puristisches Interieur, großes Fenster zur Küche. Mediterrane Küche mit Biozutaten. 3-Gänge-Menü ab 33 Euro. *So geschl. | Markgrafenstr. 10 | Tel. 0341 22 28 75 20 | www.macis-leipzig.de | Straßenbahn 9 | Bus 89 Thomaskirche*

Mifune (114 C6) *(D–E10)*
Vor Ihren Augen bereitet der japanische Koch Rinderfilet oder Fisch auf dem Teppan-Yaki (heiße Platte) zu. Sieben-Gänge-Menü 48 Euro. *Sa-Mittag und So geschl. | Münzgasse 18–20 | Tel. 0341 5 29 70 90 | www.mifune-leipzig.de | Straßenbahnen 10, 11 Hohe Straße*

Stadtpfeiffer (115 D–E4) *(E10)*
Wer das kleine Restaurant im Gewandhaus wählt, entscheidet sich für die große kulinarische Expedition. Petra und Detlef Schlegel holten den ersten Michelin-Stern nach Leipzig. Fünf-Gänge-Menü ab 98 Euro. *Nur abends, So/Mo und Juli/Aug. geschl. | Augustusplatz 8 | Tel. 0341 2 17 89 20 | www.stadtpfeiffer.de | alle Straßenbahnen ins Zentrum, Augustusplatz*

tronom Max Enk hat hier sein anspruchsvollstes Domizil eröffnet. Ein Mittagsmenü gibt es aber schon ab 9,90 Euro. *So abends geschl. | Neumarkt 9–19 | Tel. 0341 99 99 76 38 | alle Straßenbahnen ins Zentrum, Augustusplatz*

MÜNSTERS ★ (117 E3) *(🕮 C7)*
Die Karte ist klein, frisch und sehr verführerisch. Lassen Sie sich unbedingt vom Kellner bei der Weinauswahl beraten. Das ist nämlich seine Leidenschaft. Reservieren! *Mo–Sa, nur abends | Platnerstr. 11–13 | Tel. 0341 5 90 63 09 | Straßenbahn 4 Menckestraße*

PANORAMA TOWER
(115 D3–4) *(🕮 E10)*
Essen mit Aussicht in der 29. Etage des City-Hochhauses. INSIDER TIPP Vom Raum „St. Petersburg" schauen Sie auf die historische Innenstadt, das Rosental und den Hauptbahnhof. Die Dachterrasse ist öffentlich, kostet aber 3 Euro Eintritt. *Tgl. | Augustusplatz 9 | Tel. 0341 7 10 05 90 | alle Straßenbahnen ins Zentrum, Augustusplatz*

RESTAURANT IM STELZENHAUS
(120 C2) *(🕮 A11)*
Elegantes Restaurant in alter Lagerhalle. INSIDER TIPP Toller Blick über den Karl-Heine-Kanal, im Sommer auch vom Biergarten. Beim Quicklunch gibt's feine Küche zu erschwinglichen Preisen. *Tgl. | Weißenfelser Str. 65 | Zugang über Industriestr./Kanalwanderweg | Tel. 0341 4 92 44 45 | Straßenbahn 3 Elsterpassage*

RESTAURANTS €€

APELS GARTEN (114 B3–4) *(🕮 D10)*
Die Leipziger lieben ihren Apels Garten für die vortreffliche einheimische Küche. An den berühmten Barockgarten des Leipziger Handelsherren Andreas D. Apel

Cooler Chic: Panorama Tower

erinnert allerdings nur noch der Name, das Restaurant ist in einem Neubau untergebracht. *So-Abend geschl. | Kolonnadenstr. 2 | Tel. 0341 9 60 77 77 | www.apels-garten.de | Straßenbahn 9, Bus 89 Thomaskirche*

AUERBACHS KELLER (114 C3) *(🕮 E9)*
Von der Mädlerpassage aus geht's vorbei am schwarzen Mephisto die Treppen hinunter in den *Großen Keller*, einen beliebten Anlaufpunkt für Reisegruppen. Goethes Faust wird vielerorts zitiert. Führungen um 11 und 15 mit Kombiangeboten fürs Restaurant. *Historische Weinstuben* s. Kasten Gourmettempel. *Tgl. | Grimmaische Str. 2–4 | Tel. 0341 21 61 00 | www.auerbachs-keller-leipzig.de | alle Straßenbahnen ins Zentrum, Augustusplatz*

SPEZIALITÄTEN

Fettbemme – Dafür nehme man kräftiges Schweineschmalz, schmiere es großzügig auf dunkles Brot, streue etwas Salz und Pfeffer darüber, fertig!
Gose – Das obergärige Weißbier stammt aus dem Harz, wo bei Goslar das Flüsschen Gose zu finden ist. Um 1730 wurde es zum ersten Mal in der Eutritzscher Gosenschänke angeboten. Heute genießt man es in der Gohliser Gosenschenke. Im Gasthaus Bayerischer Bahnhof wird Leipziger Gose gebraut
Leipziger Allerlei – Dies Rezept empfahl Feinkosthändlerin Therese Niese 1887 höheren Töchtern: frisches Gemüse, Morcheln, gefüllte Krebsnasen und Krebsschwänze, mit Butter überträufelt und hübsch angerichtet (Foto re.)
Leipziger Lerchen – Die kleinen, massiven Törtchen bestehen zu einem Teil aus Mürbeteig und sind zum anderen mit Mandelmarzipan gefüllt (Foto li.)
Leipziger Räbchen – Mit Marzipan gefüllte Pflaumen werden in einen Teig aus Bier, Öl, Zucker und Mehl getunkt, in Öl goldgelb gebacken, dann in Zimt gewälzt und warm mit Sahne serviert
Quarkkeulchen – Typisch sächsische Süßspeise, Bestandteile: Kartoffeln, Quark, Rosinen, Eier, Zimt und ein Schuss Cognac
Sächsische Kartoffelsuppe – Kartoffeln werden zusammen mit Wurzelwerk, Porree, Zwiebel und Bauchspeck gekocht, dann püriert und mit Liebstöckel, Majoran, Thymian, Kümmel, Petersilie und Kräuteressig abgeschmeckt
Würzfleisch – Unter einer knusprigen Käseschicht verbirgt sich die Mischung aus Kalbsbraten und -zunge, vermengt mit Champignons, Crème fraîche und Zitronensaft; eine Note von Lorbeer und Gewürznelken kitzelt die Geschmacksknospen. Ideal als Zwischengericht

BARTHELS HOF (114 C2) *(🕮 E9)*
Sächsische Küche, einfallsreich aufbereitet: Hinter Bezeichnungen wie „Pfaffentiegel" oder „Stadtstreichers Schnorrerkruste" stecken herzhafte kulinarische Überraschungen. Im Sommer auch Freisitz. *Tgl. | Hainstr. 1 | Tel. 0341 14 13 10 | www.barthels-hof.de | alle Straßenbahnen ins Zentrum, Goerdelerring*

BAYERISCHER BAHNHOF GASTHAUS & GOSEBRAUEREI (115 E6) *(🕮 E11)*
Munter wie auf dem Bahnhof und trotzdem urgemütlich – so geht es zu unter den Arkaden und in der Gosestube. In der Biersiederei wird die original Leipziger Gose frisch gebraut. Für Freunde des obergärigen Gerstensafts ein Genuss! *Tgl. | Bayrischer Platz 1 | Tel. 0341*

1245760 | Straßenbahnen 2, 9, 16 Bayrischer Platz | S-Bahn, Bus 60 Bayrischer Platz

BRAUHAUS KAISER NAPOLEON
(123 F5) *(🕮 H–J13)*
Geschichtsträchtiger Gasthof nahe dem Völkerschlachtdenkmal. 1813 tafelten hier Offiziere und russische Generäle. Im Schanksaal wird das Bier selbst gebraut. *Tgl. | Prager Str. 233 | Tel. 0341 2467676 | Straßenbahn 15 Prager-, Russenstraße*

INSIDER TIPP CHINABRENNER
(120 C3) *(🕮 A11)*
Der Ferne Osten im Leipziger Westen. In der Fabrikhalle einer ehemaligen Metallgießerei servieren Kunststudenten authentische Szechuan-Küche. Die chinesische Esskultur macht besonders in großen Runden Spaß, denn jede Schüssel geht reihum! *Tgl., Mo/Di nur mittags | Gießerstr. 18 | Tel. 0341 4927715 | Straßenbahn 14 K.-Heine-Straße, Gießerstraße*

GLASHAUS IM CLARA-ZETKIN-PARK
(121 F2) *(🕮 D11)*
Ideal für die Pause im Grünen. Großer Freisitz mit viel Atmosphäre, z. T. Livemusik. Aus den Rotunden des Glashauses hat man auch im Winter einen tollen Blick in den Park. Beliebter Treff zum Sonntagsbrunch *(ab 9 Uhr)*. *Tgl. | Karl-Tauchnitz-Str. 26 | Tel. 0341 14990004 | Bus 89 Robert-Schumann-Straße*

GOSENSCHENKE „OHNE BEDENKEN"
● (117 F3) *(🕮 D7)*
Uriges Gasthaus mit viel Geschichte. Mit der obergärigen Gose (siehe Kasten „Spezialitäten") im Glas fühlen Sie sich im gemütlichen Schankraum fast wie daheeme. Schöner Biergarten. *Tgl. | Menckestr. 5 | Tel. 0341 5662360 | www.gosenschenke.de | Straßenbahn 12 Fr.-Seger-Straße*

OSTERIA DON CAMILLO & PEPPONE
(114 C3) *(🕮 D9)*
Durch die großen Jugendstilfenster im Obergeschoss ist der Blick aufs Barfußgässchen am schönsten. Die gute Pizza aus dem Steinofen ist auch bei Promis beliebt. *Tgl., So nur abends | Barfußgässchen 11 | Tel. 0341 9603910 | Straßenbahn 9 | Bus 89 Thomaskirche*

PILOT ★ (114 B3) *(🕮 D9)*
Kneipe und Restaurant im Schauspiel. Zu jeder Tageszeit zu empfehlen wegen der frischen Küche, dem guten Bier und der riesigen Teebar. *Tgl. ab 9 Uhr | Bosestr. 1 | 0341 1268117 | Straßenbahn 9 Thomaskirche | Bus 89 Thomaskirche*

SAKURA SUSHI BAR (114 B3) *(🕮 D9)*
Coole Baratmosphäre für Sushifans. Wer sich zu der Runde hinterm Schaufens-

Gute Adresse für Liebhaber der japanischen Häppchen: Sakura Sushi Bar

Bei Bagel Brothers gibt's die leckeren Teigkringel in allen denkbaren Varianten

ter gesellt, wird mit frischen Fischvariationen auf Holzschiffchen belohnt. *Tgl., Sa/So nur abends | Bosestr. 4 | Tel. 0341 9 62 85 17 | Straßenbahnen 1, 2 Gottschedstraße*

SCHREBERS RESTAURANT ●
(121 E1) *(🕮 C10)*
In einem turmgekrönten Fachwerkbau, einem Kleingartenvereinshaus von 1896, steckt diese urgemütliche Kneipe. Der Blick auf die Kreidetafel mit den Tagesangeboten lohnt. Rundum erstreckt sich die älteste Kleingartenanlage der Stadt (Mitte 19. Jh.). Schöner, großer Biergarten. *Tgl., Okt.–April Mo/Di geschl. | Aachener Str. 7 | Tel. 0341 9 61 13 24 | Straßenbahnen 1, 2 Marschnerstraße*

SOLE MIO SEETERRASSE ★
(124 A6) *(🕮 O)*
Egal, ob gerade die Sonne untergeht, die Gischt sprüht oder der See spiegelglatt vor Ihnen liegt – die Atmosphäre auf der Seeterrasse am Cospudener See ist immer einzigartig. Pizza und italienische Küche helfen beim Genießen. *Tgl. | Hafenstr. 23 | Tel. 0341 3 54 26 83 | Straßenbahn 9 Markkleeberg/Forsthaus Raschwitz, dann Bus 107 Zöbigker (Schmiede)*

SOL Y MAR ● **(114 B3)** *(🕮 D9)*
Schuhe aus und rauf aufs Bett! Hier wird INSIDER TIPP im Liegen geschlemmt. Wer zu spät kommt, der nimmt an der Theke oder auf opulenten Sitzmöbeln Platz. Internationale Küche. *Tgl. | Gottschedstr. 4 | Tel. 0341 9 61 57 21 | Straßenbahn 9 Thomaskirche | Bus 89 Thomaskirche*

TEXAS INN **(114 C6)** *(🕮 D10)*
Für Fleischesser: Hier gibt's superleckere Burger und Steaks in Western-Ambiente. Eine Spezialität ist das getrocknete Rindfleisch. *Tgl. | Münzgasse 28 | Tel. 0341 25 35 64 20 | www.texasinn.de | Straßenbahnen 10, 11 Hohe Straße*

THÜRINGER HOF **(114 C3)** *(🕮 D–E10)*
Tafeln wie Luther in den Kreuzgewölben des volkstümlichen Gasthauses. Im Sommer auch draußen. Gute Adresse für Sauerbraten und Klöße. *Tgl. | Burgstr. 19 | Tel. 0341 9 94 49 99 | alle Straßenbahnen ins Zentrum, Goerdelerring*

WEINSTOCK (114 C3) *(▢ E9)*
Lieblingslokal vieler Geschäftsleute: zentral gelegen, aufmerksamer Service, Mittagsangebot, Blick aufs Rathaus. *Tgl. | Markt 7 | Tel. 0341 14 06 06 06 | alle Straßenbahnen ins Zentrum, Goerdelerring*

ZEST (122 B5) *(▢ E14)*
Vegane Küche, die auch Fleischesser glücklich macht. Raffinierte Rezepte, die Fenchel mit Minze, Apfel mit Pfeffer und Tofu mit Chili kombinieren. *Di geschl. | Bornaische Str. 54 | Tel. 0341 2 31 91 26 | Straßenbahn 11 Pfeffinger Straße*

ZILL'S TUNNEL (114 C3) *(▢ D–E9)*
Das Urgestein unter den Leipziger Gasthäusern. Mit sächsischer Hausmannskost, Leipziger Allerlei und gemütlicher Schankstube behauptet sich Zill's Tunnel bereits seit 1841. *Tgl. | Barfußgässchen 9 | Tel. 0341 9 60 20 78 | www.zillstunnel.de | alle Straßenbahnen ins Zentrum, Goerdelerring | S-Bahn, Bus 89 Markt*

RESTAURANTS €

100 WASSER (114 C3) *(▢ D9)*
Supergünstig: Frühstück am 10 m langen Büfett (bis 13 Uhr) für unter 6 Euro. *So geschl. | Barfußgässchen 15 | Tel. 0341 2 15 79 27 | Straßenbahn 9, Bus 89 Thomaskirche*

ALFREDO (114 C6) *(▢ D11)*
Alfredo ist der typische Italiener von nebenan. Immer ein bisschen chaotisch, dafür mit Herz und Humor. Die gute italienische Hausmannkost lohnt längere Wartezeiten. Reservieren! *Mo geschl. | Riemannstr. 50 | Handy 0176 59 96 85 16 | Straßenbahnen 10, 11 Hohe Straße*

BAGEL BROTHERS (115 D2) *(▢ E9)*
Bagels in allen Variationen, vielfältige Zutaten. *Tgl. | Nikolaistr. 42 | Tel. 0341 9 80 33 30 | alle Straßenbahnen ins Zentrum, S-Bahn Hauptbahnhof*

CAFÉ CANTONA ★ (115 D5) *(▢ E10)*
Als Huldigung an den Ex-Fußballstar und Schauspieler Eric Cantona gucken die Fans auf DDR-Mobiliar Fußballspiele und Tatort. Gute, günstige Küche von Burger bis Woktofu. Sonnige Terrasse. *Tgl. | Windmühlenstr. 29 | Tel. 0341 2 25 43 02 | Straßenbahnen 2, 9, 16 Härtelstraße*

KOWALSKI (114 A6) *(▢ D10–11)*
Gehobener Studententreff zwischen Bücherregalen. Im Musikviertel eine feste Adresse für kleine Speisen. Sonnige Terrasse. *Tgl. | Ferdinand-Rhode-Str. 10 | Tel. 0341 2 12 60 20 | Bus 89 Mozartstraße*

RIZZI (114 C3–4) *(▢ E9)*
Italienisches Restaurant im Zentrum. Pizza unter 10 Euro, Espresso 99 Cent. Nicht nur wegen der guten Preise beliebt. *Tgl. | Katharinenstr. 2 | Tel. 0341 9 62 97 06 | alle Straßenbahnen ins Zentrum, Goerdelerring | S-Bahn, Bus 89 Markt*

LOW BUDG€T

Burger gegen den Hunger serviert der *Burgermeister* **(122 B3) *(▢ E11)*** *(Tgl. | Südplatz 1 | Straßenbahnen 10, 11 Südplatz)*. Zwar muss man an dem Kiosk auch mal anstehen, aber dafür kommt der saftige Burger frisch vom Grill und kostet unter 4 Euro.

Sensationell günstige Pizza gibt's bei *L'Arena* **(117 E6) *(▢ D9)*** *(Jahnallee 8 | Tel. 0341 91 85 84 62 | Straßenbahnen 3, 4, 7, 8, 15 Leibnizstraße)*. Die „Wagenräder" ab 4,50 Euro werden sogar im Holzofen gebacken.

EINKAUFEN

CITY WOHIN ZUERST?

Beginnen Sie ihren Einkaufsbummel in Leipzig am **Markt**, wo sich die Petersstraße und die Grimmaische Straße kreuzen. An diesen beiden Boulevards liegen alle größeren Kaufhäuser und Modefilialen von Marco Polo bis Zara. Zur beliebten Einkaufsstraße hat sich in den letzten Jahren die etwas kleinere Hainstraße entwickelt, die ebenfalls vom Markt abzweigt. Die Höfe am Brühl am nördlichen Ende der Hainstraße bieten eine riesige Auswahl von Läden und Imbisslokalen von Sushi bis Suppe unter zwei Dächern.

Neben den großen Einkaufsstraßen verfügt Leipzig als alte Messestadt über ein einzigartiges, historisches Passagensystem. Edel sind Mädlerpassage, Specks Hof und das Städtische Kaufhaus. Aber auch die kleineren Höfe an der Hain- und Nikolaistraße lohnen einen Abstecher. So macht der Bummel bei jedem Wetter Spaß, und Sie verbinden sehenswerte Architektur mit der gemütlichen Shoppingtour.

In den letzten Jahren hat sich Leipzig nochmal kräftig ins Zeug gelegt, hat gebaut und saniert und nimmt heute für sich in Anspruch, neben Berlin der stärkste ostdeutsche Einzelhandelsstandort zu sein. Mit dem Karstadt-Haus an der historischen Stelle des Warenhauses Althoff bekam das Konzept der Leip-

Bild: Mädlerpassage

Mit flachen Schuhen und Entdeckerfreude zu Galerien, Modedesignern, Antiquariaten und Schnäppchenläden

ziger Lichthöfe eine Variante von hohem Schauwert: Ein riesiges Glasdach überspannt den Springbrunnen im Untergeschoss. Zur vollen Stunde steigt eine Fontäne zur Wassermusik 30 m in die Höhe. So wird der Konsumtempel zur Piazza, die Passage zur Lounge. Durch Leipzigs INSIDER TIPP Innenhofpassagen weht ein Hauch von Mailand oder Paris. Und Zeit spielt keine Rolle: Die meisten City-Läden öffnen Montag bis Samstag bis 20 Uhr. Im Hauptbahnhof schließen die rund 140 Geschäfte sogar erst um 22 Uhr, rund 80 von ihnen bieten auch sonntags von 13 bis 18 Uhr ihre Waren feil.
Außerhalb der Innenstadt finden Sie in den kleinen Boutiquen an der Karl-Liebknecht-Straße (rund um den Südplatz) und der Karl-Heine-Straße (Höhe Merseburger Straße) ein buntes Angebot.

ACCESSOIRES

KRAWATTEN-ECK (115 D3) (*E9*)
Hier gibt's das traditionelle Herrenanhängsel gediegen, als Kunstobjekt und

in Spezialanfertigungen. *Specks Hof | Reichsstr. 4 | alle Straßenbahnen ins Zentrum, Augustusplatz | Bus 89 Reichsstraße*

KUNTH-HÜTE (115 D2) (*🗺 E9*)
Für jeden Kopf gibt es hier einen passenden „Deckel"; dazu fachkundige Typberatung von der Modistin. *Strohsack-Passage | Nikolaistr. 6–10 | alle Straßenbahnen ins Zentrum, Augustusplatz | Bus 89 Reichsstraße*

Hutauswahl bei Kunth

PERLENTAUCHER (122 B2) (*🗺 E11*)
Für Fädelfreunde: edle Glas-, Holz-, Muschelperlen in allen Farben und Formen. Mit Zubehör und netten Tipps wird Unikat-Schmuck daraus. *Mo–Fr 11–19, Sa 11–15 Uhr | Karl-Liebknecht-Str. 51 | Straßenbahnen 10, 11 Südplatz*

SCHMUCKWERK HÜBENER
(114 C3) (*🗺 E9*)
Barbara Hübeners Glanzstücke sind kostbar, schön und erschwinglich zugleich. Große Auswahl an Ketten, Ohrringen und Armbändern. *Naschmarkt | Altes Rathaus | S-Bahn, Bus 89 Markt*

TASCHENKAUFHAUS LEIPZIG
(115 D2) (*🗺 E9*)
Hier werden Taschen wie Kunstobjekte inszeniert. Viele stylische Labels. *Ritterstr. 9–13 | alle Straßenbahnen ins Zentrum, Augustusplatz*

ANTIQUITÄTEN & ANTIQUARIATE

GRAFIKANTIQUARIAT KOENITZ
(114 C3) (*🗺 E9*)
Edel arrangierte Perlen der Druckkunst: Originalgrafik, Ortsansichten, Künstlergrafik aus dem 16.–20. Jh. *Markt 1 | Rathausarkaden | Straßenbahnen 2, 8, 9, 10, 11, S-Bahn Wilhelm-Leuschner-Platz*

LEIPZIGER ANTIQUARIAT
(115 D3) (*🗺 E9*)
Buchkunst der DDR, präsentiert in einem historischen Haus, dem Roten Kolleg (1891/92), umgeben von renovierter Gediegenheit. *Ritterstr. 16 | alle Straßenbahnen ins Zentrum, Augustusplatz | Bus 89 Reichsstraße*

EINKAUFSZENTREN

HAUPTBAHNHOF-PROMENADEN
(115 D–E1) (*🗺 E8–9*)
Der Bahnhof mit seiner großzügigen, lichten Architektur bildet mit rund 140 Läden und Restaurants unter dem Querbahnsteig eine gelungene Einheit. *Läden auch So geöffnet | Willy-Brandt-Platz 7 | alle Straßenbahnen ins Zentrum, S-Bahn Hauptbahnhof*

HÖFE AM BRÜHL (114 C2) (*D9*)
130 Läden und Cafés gruppieren sich auf drei Etagen um vier Lichthöfe. Von edlen Schuhen über trendigen Outdoor-Look bis zu Cupcakes und schnöden Pommes deckt die Mall jeden Wunsch ab. *Brühl 1 | alle Straßenbahnen ins Zentrum, Goerdelerring*

STÄDTISCHES KAUFHAUS
(115 D3) (*E10*)
In diesem charmanten Passagengebäude haben sich verschiedene kleine Boutiquen vom Einrichtungsladen bis zum Modeatelier niedergelassen. Der hübsche Innenhof wird von Edelgastronom *Max Enk (s. S. 60)* und der Jazzkneipe *Tonnelli's (s. S. 79)* genutzt. *Neumarkt 9–19 | alle Straßenbahnen ins Zentrum, Augustusplatz*

GALERIEN

BAUMWOLLSPINNEREI ★
(120 B2–3) (*A11*)
Für Kunstfans ein wahres Schlaraffenland: Zahlreiche interessante Galerien haben sich auf dem Gelände des ehemaligen Industriekomplexes von 1884 angesiedelt. Darunter z. B. die renommierte Galerie *Eigen + Art (Halle 5 | Di–Sa 11–18 Uhr)*, die *Galerie Jochen Hempel (Halle 4 | Di–Fr 11–17, Sa 11–14 Uhr)* oder die *maerzgalerie (Halle 6 | Di–Fr 11–18, Sa 11–16 Uhr)*. *Spinnereistr. 7 | www.spinnerei.de | S-Bahn, Straßenbahn 14 | Bus 60 S-Bahnhof Plagwitz*

GALERIE SCHWIND (117 F4) (*D8*)
Hier können Sie Werke der Leipziger Schule an authentischem Ort begutachten und erwerben: Die Galerie logiert im einstigen Wohn- und Atelierhaus des Malers Werner Tübke. *Di–Fr 10–18, Sa 10–14 Uhr | Springerstr. 5 | Straßenbahn 12 Nordplatz*

TAPETENWERK (120 B1) (*A10*)
Das Kreativzentrum auf einem ehemaligen Industriegelände vereint Galerien, Künstlerateliers, Handwerk und Gastronomie. Eine Kunstpause können Sie in der *Plattenküche (Haus A)* einlegen. *Lützner Str. 91 | www.tapetenwerk.de | Straßenbahnen 8, 15 Henriettenstraße*

GESCHENKE & WOHNACCESSOIRES

CAPITO – DER SPIELELADEN
(115 D3) (*E9*)
Hochwertiges Spielzeug für alle, die gern jonglieren, Brettspiele lieben oder neue Spielideen für draußen suchen. Nette

MARCO POLO HIGHLIGHTS

★ Sächsische Pfeifenstube
So knorrig wie der Inhaber sind auch viele seiner handgemachten Pfeifen → S. 73

★ Baumwollspinnerei
Die Neue Leipziger Schule zog aufs alte Industriegelände → S. 69

★ Gourmétage
Sächsische Weine und andere Köstlichkeiten aus der Region → S. 71

★ Zeidler Holzkunst
Schöne Holzfiguren aus dem Erzgebirge → S. 72

★ Galerie am Nikolaikirchhof
Zeitlos schöne Keramik im Bauhausstil → S. 72

★ Amélie
Zauberhafte Pralinen und einiges mehr → S. 71

Tante Emma auf höchstem Niveau: Feinkostladen Mangiare

Beratung. *Gewandgässchen | Städtisches Kaufhaus | Straßenbahnen 2, 8, 9, 10, 11 Wilhelm-Leuschner-Platz*

CULINARIS (115 D3) (*🗺 E9*)
Chromglänzendes Beiwerk und edles Design machen das Kochen zu einer Freude. *Grimmaische Str. 25 | Eingang Ritterstraße | alle Straßenbahnen ins Zentrum Augustusplatz*

INSIDER TIPP **HINRICHSINNDREISSIG** (114 C2) (*🗺 E9*)
Liebevoll ausgesuchte antike und neue Einrichtungsgegenstände und Möbel. *Katharinenstr. 11 | www.sinn-30.de | S-Bahn Markt | alle Straßenbahnen ins Zentrum Goerdelerring*

MUSEUMSSHOP (114 C3) (*🗺 E9*)
Gute Auswahl an Mitbringseln von diversen Porzellanminiaturen bis zur Schneekugel mit dem Leipziger Rathaus. *Markt 1 | im Alten Rathaus | alle Straßenbahnen ins Zentrum, Goerdelerring*

THOMASSHOP (114 C3) (*🗺 D9–10*)
Natürlich finden Sie hier Musik-CDs, aber auch Kinder-T-Shirts, Bücher, Büsten und andere Devotionalien – alles rund um den Thomaskantor Johann Sebastian Bach und den Thomanerchor. *Thomaskirchhof 18 | Straßenbahn 9 | Bus 89 Thomaskirche*

WILDWECHSEL (120 C2) (*🗺 B11*)
Da schmelzen nicht nur Mädchenherzen dahin: Originelle (Deko-)Stoffe und einiges, was daraus gemacht werden kann, gibt es in diesem Laden. *Karl-Heine-Str. 69 | Straßenbahn 14 Merseburger Straße*

WOHNMACHER (115 D2) (*🗺 E9*)
Die z. T. originellen und witzigen Accessoires für Haus und Hof bzw. für die Wohnung werden bei Wohnmachers je nach Jahreszeit liebevoll ausgewählt und geschmackvoll präsentiert. *Nikolaistr. 236 | alle Straßenbahnen ins Zentrum, S-Bahn Hauptbahnhof*

KÖSTLICHKEITEN

AMÉLIE ★ (115 D3) (*E9*)
Bezaubernder Laden in Specks Hof mit frischen Pralinen und Schokoladen, ausgefallenen Teemischungen, heißem Kaffee und Kakao. *Reichsstr. 4–6 | alle Straßenabahnen ins Zentrum, Augustusplatz | Bus 89 Reichsstraße*

CAFÉ CORSO (115 D5) (*E10*)
Stollen und Baumkuchen gibt es in Sachsen ja vielerorts zu kaufen. Doch hier, so sagen die Kenner, sollen sie am allerbesten sein. Das legendäre Ambiente des Cafés zwischen Spitzendeckchen und Revolution ist auch in dem INSIDER TIPP Bildband, der an der Theke ausliegt, verewigt. *Brüderstr. 6 | Straßenbahnen 2, 9, 16 Roßplatz*

GOETHE SCHOKOLADENTALER-MANUFAKTUR (114 C3) (*E9*)
Lavendel, Ingwer, Chili – mit exotischen Zutaten bereiten die Chocolatiers vor den Augen der Kundschaft extra-frische Pralinen zu. *Marktgalerie | Markt 11–15 | alle Straßenbahnen ins Zentrum, Goerdelerring*

GOURMÉTAGE ★ (114 C3) (*E9–10*)
Gute Auswahl an Wein, Whiskey und Feinkost. Probieren Sie sich gleich im Laden an der kleinen Bar durch die Köstlichkeiten! *Grimmaische Str. 2–4 | Mädlerpassage | alle Straßenbahnen ins Zentrum, Augustusplatz*

INSIDER TIPP LA CHOCOLATERIE (117 E6) (*C9*)
Wie einem Filmset entsprungen wirkt der kleine, gemütliche Laden mit Café am Waldplatz. Isabelle Léonard und Alexandra Picouays kreieren hier köstliche Trüffel, Tartes, Quiches und andere feine Dinge der gehobenen französischen Küche. *Di–Sa 11.30–19 Uhr | Waldstr. 12 | www.la-chocolaterie.de | Straßenbahnen 4, 7, 8, 15 Waldplatz*

MANGIARE (122 B3) (*E11*)
Eingelegte Oliven, Wurst und Schinken in hauchdünnen Scheiben, frische Kapern und eine ordentliche Weinauswahl. *Karl-Liebknecht-Str. 73 | Straßenbahnen 10, 11 Südplatz*

INSIDER TIPP RÖSKANT (122 B2) (*E11*)
Bohnen aus ausgesuchten Anbaugebieten für Kaffee und Espresso werden hier schonend geröstet und im Laden gemahlen. Auch Tee, Schokolade und andere Köstlichkeiten sind im Angebot. Am besten gleich eine Tasse probieren und dabei einen Blick in den verglasten 14 m tiefen Brunnen werfen. *Mo geschl. | Hohe Str. 9–13 | S-Bahn, Straßenbahnen 2, 9, 10, 16 Bayrischer Platz*

LOW BUDG€T

● An jedem letzten Wochenende im Monat ist *Flohmarkt in Markkleeberg* **(125 E3) (*F16*)**. In zwei Messehallen und auf dem großen Außengelände in Antiquitäten und Trödel stöbern bis zur totalen Erschöpfung! *agra-Gelände | Bornaische Str. 210 | Straßenbahn 11 Am Eichwinkel*

Nicht mehr ganz so günstig wie einst in der DDR, aber immer noch preiswert verkauft der *Ossiladen* **(114 C2) (*D9*)** (*Brühl 1 | www.ossiladen.de | alle Straßenbahnen ins Zentrum, Goerdelerring)* in den Brühlschen Höfen Produkte mit Nostalgiewert wie Einkaufsnetze und Tubenaufroller.

SEIDELS KLOSTERBÄCKEREI (122 A–B2) *(E11)*
Der Sauerteig fürs Brot lagert über 16 Stunden, deshalb bleiben die Laibe im Gegensatz zu Industriebrot auch fünf Tage frisch. Für das süße Gebäck schabt der Bäcker selbst die Vanille aus der Schote, das Obst kommt aus der Region. *Karl-Liebknecht-Str. 17 | Straßenbahnen 10, 11 Hohe Straße*

WOCHENMARKT (114 C3) *(E9)*
Zucchiniblüten aus Sizilien oder einheimische Cosmeas aus dem Bauerngarten – all das finden Sie auf dem Wochenmarkt und kommen dabei mit den gewitzten Markleuten ins Gespräch. *Di und Fr | Markt/Salzgässchen | S-Bahn, Bus 89 Markt*

KUNSTHANDWERK

FACHGESCHÄFT FÜR MEISSNER PORZELLAN (114 C3) *(E9)*
Hier finden Sie eine große Auswahl des weltberühmten Porzellans: von klassisch bis modern, vom Teeservice bis zum Harlekin. *Markt 1 | Rathausarkaden | S-Bahn, Bus 89 Markt*

GALERIE AM NIKOLAIKIRCHHOF ★
(115 D3) *(E9)*
Die Keramik von Hedwig Bollhagen hat viele Fans: Im schlichten Streifen gehalten wirkt sie nach Jahrzehnten noch modern. *Ritterstr. 5 | alle Straßenbahnen ins Zentrum, Augustusplatz*

INSIDER TIPP **KUNSTGEWERBE ZECHENDORF** (114 C4) *(D10)*
Seit 1862 präsentiert dieser Traditionsladen feines regionales Handwerk, u. a. aus der Lausitz (bemalte Eier) und dem Erzgebirge (Holz und Zinn). *Ratsfreischulstr. 1 | Straßenbahnen 2, 8, 14 | Bus 89 Neues Rathaus*

INSIDER TIPP **STEINBACH KERAMIK**
(117 F3) *(D7)*
Annemarie Steinbach hat mit ihren seelenvollen Tierköpfen aus Ton, der schönen Gebrauchskeramik und den detailgenauen, großen Weihnachtsfiguren zu recht schon Kunstpreise gewonnen. *Sa geschl. | Menckestr. 44 | Straßenbahn 4 Menckestraße*

ZEIDLER HOLZKUNST ★
(114 C3) *(E9)*
Hier gibt es eine große Auswahl an traditionellem Schnitzwerk aus dem Erzgebirge: Räuchermännel, Weihnachtspyramiden, Schwibbögen, Engel und vieles mehr. *Altes Rathaus/Naschmarkt | S-Bahn, Bus 89 Markt*

MODE & SCHUHE

INSIDER TIPP **CULTON M**
(114 C5) *(E10)*
Hier können Sie einkaufen wie unter Freundinnen: in Ruhe anprobieren, das Lieblingsteil in spe auf der Couch einsitzen und dabei ein wenig plaudern. Nebenan gibt's trendige Mitbringsel und Objekte, Konzerttickets. *Peterssteinweg 7 | Straßenbahnen 2, 8, 9, 10, 11, S-Bahn Wilhelm-Leuschner-Platz*

MELLORY (115 D2) *(E9)*
Junge Mode und Schuhe für Fashonistas: eine Fundgrube für Fans von trendigen Jeans und Sportschuhen. *Nikolaistr. 47–51 | alle Straßenbahnen ins Zentrum, S-Bahn Hauptbahnhof*

MRS. HIPPIE (122 A–B2) *(E11)*
Mrs. Hippie ist zum Hippster geworden: Eine eigene Kleidermarke verwendet Biostoffe. Der kultige Laden versteckt sich im Innenhof des Feinkostgeländes. *Karl-Liebknecht-Str. 36 | Straßenbahnen 10, 11 Südplatz*

SCHEINKRAFT (115 D2) *(🕮 E9)*
Trendschau von den hippen Zentren der Welt – von Barcelona über Tokio bis New York: Mode, Schmuck, Accessoires, Schuhe, Haarschnitte. *Reichsstr. 1–9 | alle Straßenbahnen ins Zentrum, S-Bahn Hauptbahnhof*

SILKE WAGLER (114 C3) *(🕮 D9)*
Weich fließende Kleiderträume aus Seide und Samt fertigt Silke Wagler individuell in ihrem Atelier. *Thomaskirchhof 20 | Straßenbahn 9 Thomaskirche | S-Bahn, Bus 89 Markt*

MUSIK, COMICS, BÜCHER

BUCHHANDLUNG LUDWIG
(115 D–E1) *(🕮 9E)*
Diese Buchhandlung im historischen Wartesaal des Bahnhofs ist ein Erlebnis. Auf über 1000 Quadratmetern werden Bücher, Zeitungen und Zeitschriften aus aller Welt angeboten. Zum Schmökern im lichten Saal gibt's INSIDER TIPP Kaffee und Kuchen auf der Empore. *Promenaden im Hauptbahnhof, oberer Querbahnsteig | alle Straßenbahnen ins Zentrum, S-Bahn Hauptbahnhof*

COMIC-COMBO (114 C6) *(🕮 E10)*
Hier treffen Sie u. a. Batman und die INSIDER TIPP Abrafaxe, das DDR-Pendant zu Asterix & Obelix. Riesige Manga-Auswahl. *Riemannstr. 31 | Straßenbahnen 10, 11 Hohe Straße/LVB*

MUSIKALIENHANDLUNG OELSNER
(115 D4) *(🕮 E10)*
Hier bekommen Sie nicht nur Bachnoten; die Musikalienhandlung von 1860 verkauft auch CDs, Bücher und Karten für Kirchenkonzerte, Kammermusik und andere Musikveranstaltungen. *Schillerstr. 5 | Straßenbahnen 2, 8, 9, 10, 11, S-Bahn Wilhelm-Leuschner-Platz*

SPEZIELLES

ALLERLEI – DER DDR-LADEN
(115 D2) *(🕮 E9)*
In stilecht sozialistisch-nüchternem Interieur findet man kleine Trabis, Fassbrause und Alltagshelfer aus Plaste und Elaste. *Nikolaistr. 39 | alle Straßenbahnen ins Zentrum, S-Bahn Hauptbahnhof*

Bunt und verspielt: Mode bei Mrs. Hippie

SÄCHSISCHE PFEIFENSTUBE ★
(114 C5) *(🕮 E10)*
Der Laden von Lutz Merker ist eine Augenweide für Pfeifenliebhaber. Pfeifen jedweder Form werden präsentiert, angefertigt oder repariert. Im OG begehbarer Humidor mit großer Zigarrenauswahl. *Peterssteinweg 5 | Straßenbahnen 2, 8, 9, 10, 11, S-Bahn Wilhelm-Leuschner-Platz*

AM ABEND

CITY WOHIN ZUERST?

Im **Barfußgässchen** und in der **Gottschedstraße** reiht sich eine Kneipe an die andere. Etwas mehr Spürsinn erfordert Leipzigs hervorragendes Kulturangebot, das weit über Gewandhaus, Oper und Thomaskirche hinausgeht. Die kleinen Clubs, Kneipen und Off-Bühnen liegen manchmal etwas abseits der großen Magistralen und sind „getarnt" durch unscheinbare Eingänge. Rund ums **Connewitzer Kreuz**, entlang der **Karl-Heine-Straße** auf Höhe Merseburger Straße und am **Südplatz** liegen Sie auf jeden Fall richtig.

Arbeitslosigkeit, teurer Citytunnel, krumme Immobiliendeals? Schnell vergessen. Leipzig macht vor allem mit dem kulturellen Angebot und der kreativen Szene Schlagzeilen. Unter dem Stichwort „das bessere Berlin" hat sich die Sachsenmetropole sogar in den USA einen Namen gemacht. Redakteure der „New York Times" wollen ausgerechnet an der Pleiße die hippe Szene ausfindig gemacht haben, die Anfang der 1990er-Jahre noch in Berlin zu Hause war.

Seit einigen Jahren ist Plagwitz zum Mittelpunkt alternativer Projekte geworden. Crowdfunding statt Bankkredite, verschwimmende Grenzen zwischen Kunst, Gastronomie und Unterhaltung, Lebensmittel aus dem Stadtgarten, Tauschbörsen, andere Formen des Zusam-

 Bild: Gewandhaus

Nachtschwärmer genießen Cocktails, Gose, Kabarett und Musik im Schatten von Oper, Schauspiel und Gewandhaus

menwohnens sind Ausdruck des neuen Lebensgefühls. An der Karl-Heine-Straße haben sich die *Schaubühne Lindenfels,* das *Noch Besser Leben* und das alternative Kulturzentrum *Westwerk* etabliert; in den Straßen zwischen Gießer- und Lützner Straße gibt's kleinere Locations.

Wer den Abend zentrumsnah genießen will, der hat im Barfußgäßchen einen festen Anlaufpunkt. Dort reiht sich eine Kneipe an die andere, und später treffen sich im Keller vom *Spizz* Jung und Alt zum Jazzkonzert oder zum Tanzen. Im Süden sind die *Distillery,* das Sozio-Kulturzentrum *Werk II* und das *naTo* mit hervorragendem Kinoprogramm feste Instanzen.

BARS & KNEIPEN

BARCELONA (114 B3) (*D9*)
Spanische Gefühle in erdig brauner Schlauchbar. Am Tresen legt einem der Koch vom Tapasbüfett den Süden auf die Zunge. *Mo–Sa ab 17, So ab 10 Uhr | Gottschedstr. 12 | Tel. 0341 2 12 61 28 | Straßenbahnen 1, 14 Gottschedstraße*

BARFUSZ (114 C3) *(🕮 E9)*
Von hier aus starten junge Leute ins Leipziger Nachtleben. Große Bar mit Restaurant, Lounge und Open-Air-Bereich, Centralkabarett im Obergeschoss. *Mo–Sa 9–3, So ab 10 Uhr | Markt 9 | Barfußgässchen | Tel. 0341 9 62 86 24 | www.barfusz.de | Straßenbahn 9 Thomaskirche | S-Bahn, Bus 89 Markt*

CAFÉ WALDI (114 C5) *(🕮 E10)*
Auch das *Café Waldi* hat den Retro-Plüsch für sich entdeckt: Gemusterte Tapeten, Polster, Putten und Posamenten sowie das obligatorische Hirschhaupt mit Geweih sorgen selbstironisch für Gemütlichkeit. Fr/Sa DJs mit Indie und House. *Tgl. | Peterssteinweg 10 | Tel. 0341 4 62 56 67 | www.cafewaldi.de | Straßenbahnen 2, 8, 9, 10, 11 Wilhelm-Leuschner-Platz*

CANITO (114 B3) *(🕮 D9)*
In dem gemütlichen Bistro kommt der Chef selbst an den Tisch; auf Wunsch bereitet er auch mediterrane Spezialitäten zu. Freitags Piano-Abend, sonst ein buntes Programm von Film bis Gesang. *So/Mo geschl. | Gottschedstr. 13 | Tel. 0341 9 93 80 11 | www.canito-mediterrane.de | Straßenbahnen 1, 14 Gottschedstraße*

In der gutbestückten Vodkaria haben Sie die Qual der Wahl

BEYERHAUS (114 C5) *(🕮 E10)*
In der urigen Kneipe gibt's Bier an der Bar zu moderaten Preisen. Spaßig die INSIDER TIPP *Nerd Nites* zum Thema „Wissenschaft und Bier". Partykeller. *Tgl. | Ernst-Schneller-Str. 6 | Tel. 0341 9 61 36 90 | www.beyerhaus.de | Straßenbahnen 2, 8, 9, 10, 11 W.-Leuschner-Platz*

CHOCOLATE (114 C3) *(🕮 D9)*
Edelbar mit After-Work-Parties im Keller und Grill. Beliebter Treffpunkt der Prominenz von Fußball bis Showbiz. *Tgl. | Barfußgässchen 12/Ecke Große Fleischergasse | Tel. 0341 2 25 27 27 | www.chocolate-leipzig.de | Straßenbahn 9 Thomaskirche | S-Bahn, Bus 89 Markt*

FALCO BAR AND LOUNGE ★
(114 C1) *(🕮 E9)*
Hier zeigt Leipzig echtes Weltstadtflair. In der 27. Etage des *Westin Hotels* wäh-

len Sie aus über 200 Digestifs oder 80 Sorten Whiskey aus und lassen den Blick beim kühlen Drink über die Skyline der Stadt schweifen. *Di–Sa ab 18 Uhr | Gerberstr. 15 | Tel. 0341 9 88 27 27 | alle Straßenbahnen ins Zentrum, S-Bahn Hauptbahnhof*

GASTHAUS BARABBAS – DIE VERGEBUNG (122 B5) *(🕮 E13)*
Ziemlich verschrobener Laden mit Uni-Sex-Klo ohne Schlüssel und einer Kaffeekanne für alle. Und es gibt kein elektrisches Licht ... Garantiert unvergesslich! *Tgl. | Bornaische Str. 33 | Tel. 0341 30 82 18 99 | Straßenbahn 11 Pfeffinger Straße*

HACIENDA ● (124 A4) *(🕮 C17)*
Die *Hacienda* am Nordstrand des Cospudener Sees stattet das Partyvolk mit allem aus, was es zum Feiern braucht: Lachs und Würstchen vom Grill, Drinks, Sonnenliegen, Beachvolleyballnetze – ein guter Platz zum Chillen. *Im Sommer tgl. | Lauerscher Weg | Tel. 0341 35 58 50 88 | Bus 65 Nordstrand | außerdem Shuttleservice vom Parkplatz Brückenstraße (4 Euro/Tag)*

KILLIWILLY (122 A–B 2–3) *(🕮 E11)*
Pub mit Stammpublikum. Palaveratmosphäre im urigen Irish Pub (Ableger im Barfußgässchen). *Karl-Liebknecht-Str. 44 | Tel. 0341 2 11 93 22 | Straßenbahnen 10, 11 Südplatz*

INSIDER TIPP **VODKARIA**
(114 B2) *(🕮 D9)*
Hier ist man schon fast in Russland. Mehr als 400 Sorten Wodka, originelle Cocktails und Pelmeni mit Sauerrahm. Stimmungsvolle Pub-Atmosphäre. *Tgl. ab 18 Uhr | Gottschedstr. 15 | Tel. 0341 4 42 88 68 | Straßenbahnen 1, 14 Gottschedstraße*

CLUBS & DISKOTHEKEN

DISTILLERY (122 B3) *(🕮 E12)*
Leipziger Urgestein in Sachen Techno, House und Underground-Clubbing. *Fr–So ab 23 Uhr | Kurt-Eisner-Str. 91/Lößniger Str. | Tel. 0341 35 59 74 00 | www.distillery.de | Straßenbahn 9 Kurt-Eisner-Straße*

NACHTCAFÉ (114 C4) *(🕮 E10)*
Der Klassiker unter Leipzigs Diskos. Black und House Music werden live im Radio übertragen. *Mi, Sa ab 22 Uhr | Petersstr. 39–41 | www.nachtcafe.com | Straßenbahnen 2, 8, 9, 10, 11, S-Bahn Wilhelm-Leuschner-Platz*

MARCO POLO HIGHLIGHTS

★ **Falco Bar and Lounge**
Cocktails schlürfen mit dem schönsten Blick über die Stadt → S. 76

★ **Academixer**
Kabarett, aufgequirlt mit Musik und Witz → S. 78

★ **Gewandhaus**
Klassische Konzerte auf Weltniveau → S. 79

★ **Moritzbastei**
Studentenclub in uriger Festungsanlage → S. 79

★ **naTo**
Bekannt für sein Programmkino, für Konzerte und Improtheater → S. 80

★ **Werk II**
Hochkarätige Popkonzerte, Lesungen und Soziokultur in ehemaligen Werkhallen → S. 80

Schönes Ambiente und gute Stimmung im Spizz am Markt

SPIZZ JAZZ- UND MUSIC-CLUB
(114 C2) *(E9)*
Jazz und Funk in lockerer Atmosphäre machen den Partykeller zu einem beliebten Studententreff. *Mi, Fr, Sa und zu Veranstaltungen | Markt 9 | Tel. 0341 9 60 80 43 | www.spizz.org | alle Straßenbahnen ins Zentrum, Goerdelerring*

TÄUBCHENTHAL (120 C3) *(A11)*
Technotempel in Fabrikhalle mit Konzerten, DJs und Open-Air-Parties. *Markranstädter Str. 1 | Tel. 0341 97 85 66 06 | www.taeubchenthal.com | Straßenbahn 1 Markranstädter Straße*

KABARETT

Die Stadt hat eine starke Kabarett-Tradition aus DDR-Zeiten, als hintergründiger Witz manch offene Kritik verkleiden musste. 25 Jahre nach der Wende öffnet sich die Szene mehr und mehr für Gastspiele. Mit etwas Glück sind auf Leipzigs Bühnen auch bundesweit bekannte Comedians zu sehen.

ACADEMIXER ★ (115 D3) *(E10)*
Politisches Kabarett; unbequem bis zur Bauhaus-Bestuhlung. In der Kneipe *Mixer* sitzen Sie neben den Künstlern. *Kupfergasse 2 | Tel. 0341 21 78 78 78 | www.academixer.com | alle Straßenbahnen ins Zentrum, Augustusplatz*

LEIPZIGER FUNZEL (115 D3) *(E9)*
Unterhaltsames mit schwarzem Humor heckt Thorsten Wolf, der „Woody Allen von Leipzig", aus. *Nikolaistr. 6–10 | Tel. 0341 9 60 32 32 | www.leipziger-funzel.de | alle Straßenbahnen ins Zentrum, Augustusplatz | Bus 89 Reichsstraße*

LEIPZIGER PFEFFERMÜHLE
(114 C2) *(E9)*
Der Alltag wird gnadenlos durchgedreht: Das älteste Leipziger Kabarett (seit 1954) ist nicht altersmilde geworden. Renommierte Gastspiele. *Katharinenstr. 17 | Tel. 0341 9 60 31 96 | alle Straßenbahnen ins Zentrum, Goerdelerring*

REVUETHEATER PALMENGARTEN
(121 D1) *(B10)*
Kabarett und Varieté im Saal hinter dem kultigen Vordach einer alten Gastankstelle. Im Sommer Open Air im großen Garten. *Jahnallee 52 | Tel. 0341 2 25 51 72 | www.palmengarten-leipzig.de | Straßenbahnen 3, 7, 8, 15 Angerbrücke*

KONZERTE

Es muss nicht immer das Gewandhaus sein. Im Völkerschlachtdenkmal, in Museen, Kirchen und Gerichten: Überall wird hochkarätig musiziert. Die Tagespresse informiert über Termine.

GEWANDHAUS ★ (115 D3–4) *(🕮 E10)*
Klassiker und zeitgenössische Musik auf höchstem Niveau vom Gewandhausorchester, dem MDR-Symphonieorchester, dem Thomanerchor; auch Gastspiele, Jazzkonzerte. *Augustusplatz 8 | Tel. 0341 1270309 | www.gewandhaus.de | Kasse Mo–Fr 10–18, Sa 10–14 Uhr | alle Straßenbahnen ins Zentrum, Augustusplatz*

HOCHSCHULE FÜR MUSIK UND THEATER (114 B5) *(🕮 D10)*
Moderner Konzertsaal hinter dem ehrwürdigen, von Felix Mendelssohn Bartholdy gegründeten Konservatorium. Internationale Preisträger spielen Musicals, Jazz, Alte Musik. Gastkonzerte. *Grassistr. 8 | Tel. 0341 2144455 | www.hmt-leipzig.de | Straßenbahnen 2, 8, 9 Neues Rathaus | Bus 89 Wächterstraße*

LIVEMUSIK

BLACK LABEL (122 B5) *(🕮 E14)*
Klein, knarzig, authentisch: eine irische Pub-Insel aus Whiskyduft und blauem Dunst am Connewitzer Kiez. *Tgl. ab 19 Uhr | Wolfgang-Heinze-Str. 38 | Tel. 0341 3919915 | Straßenbahn 9 Mathildenstraße*

TONELLI'S (114 C6) *(🕮 D–E11)*
Jazz und Blues sind das Markenzeichen. Inzwischen gibt's auch einen Mittagstisch und im Sommer Livekonzerte. *Mo–Sa, Sa nur abends | Neumarkt 9 | Tel. 0163 2933001 | www.tonellis.de | Straßenbahnen 2, 8, 9, 10, 11, S-Bahn Wilhelm-Leuschner-Platz*

OFF-KULTUR

INSIDER TIPP **HORNS ERBEN**
(122 A3) *(🕮 D12)*
Die ehemalige Weinstube des Schnapsbrenners Wilhelm Horn hat eine neue Bestimmung gefunden. Holzgetäfelte Wände und eine schöne Bar sind ein wunderbarer Ort für Dichterlesungen (meist Mi), Clubbing, Jazz am Wochenende. *Arndtstr. 33 | Tel. 0341 26426029 | www.horns-erben.de | Straßenbahnen 10, 11 Südplatz*

LINDENFELS WESTFLÜGEL
(120 C2) *(🕮 B11)*
Längst ist das INSIDER TIPP Figurentheater im Lindenfels Westflügel aus der Nische getreten und lockt überregional Gleichgesinnte an. Die Bar *Fröhlich und Herrlich* öffnet Fr ab 20 Uhr, außerdem gibt's im wunderbaren Saal Ballnächte u .a. Veranstaltungen. *Hähnelstr. 27 | Tel. 0341 2609006 | www.westfluegel.de | Straßenbahnen 3, 14 Felsenkeller*

MORITZBASTEI ★ (115 D4) *(🕮 E10)*
Der Gewölbekeller der ehemaligen Bastei wurde in den 70ern von Studenten freigelegt. Ruhige Ecken fürs Plauschen, Essen, Hören und Diskutieren; große Gewölbe für schrille Konzerte, Disko. *Mi, Fr/*

LOW BUDG€T

Das *Gewandhaus* (s. S. 79) bietet Restkarten zu Preisen zwischen 3 und 11 Euro für Studenten und Azubis an. Der Last-Minute-Verkauf beginnt 30 Min. vor Vorstellungbeginn.

Skurril und noch immer sehr preiswert sind die Kiezkneipen rund ums *Connewitzer Kreuz* **(122 B5)** ***(🕮 E14)*** südlich der Leipziger City. Bei *Frau Krause (Simildenstr. 8)* oder im *Goldfisch (Wolfgang-Heinze-Str. 15)* gibt es das große Bier vom Fass noch für kleines Geld.

Sa Disko und Konzert, Café tgl. | Universitätsstr. 9 | Tel. 0341 70 25 90 | Veranstaltungen unter www.moritzbastei.de | alle Straßenbahnen ins Zentrum, Augustusplatz

NATO ★ (122 A3) (*E11*)
Schon zu DDR-Zeiten traf sich in dem grünen Flachbau die alternative Szene. Internationales Programmkino mit Filmreihen, außerdem Konzerte, Lesungen, Kneipe und Improvisationstheater. *Tgl. ab 19 Uhr | Karl-Liebknecht-Str. 46 | Tel. 0341 3 01 43 97 | www.nato-leipzig.de | Straßenbahnen 10, 11 Südplatz*

NOCH BESSER LEBEN (120 C2) (*A11*)
Noch besser leben ist im improvisierten Salon mit kleiner Bühne, Livekonzerten und Bar kein Kunststück. Im 2. Stock gibt's sogar Pensionszimmer zum Übernachten. *Merseburger Str. 25 | Ecke Karl-Heine-Str. | Tel. 0341 9 75 73 30 | www.nochbesserleben.com | Straßenbahnen 3, 14 Felsenkeller*

SCHAUBÜHNE LINDENFELS
(120 C2) (*B11*)
Grüner Salon, doppelstöckiger Ballsaal, Restaurant, Café: alles vereint in einer schönen Jugendstilvilla. Lesungen, Theater, Programmkino. *Karl-Heine-Str. 50 | Tel. 0341 48 46 20 | www.schaubuehne.com | Straßenbahnen 3, 14 Felsenkeller*

INSIDER TIPP **UT CONNEWITZ**
(122 B5) (*E13*)
Der prachtvolle Kinosaal von 1912 hat durch die Renovierung nichts von seinem Charme verloren. Das UT kommt vom alten Namen Union-Theater. Kino, Musik, Specials. *Wolfgang-Heinze-Str. 12a | Hinterhof | Tel. 0341 4 62 67 76 | Straßenbahnen 9, 10, 11 Connewitzer Kreuz*

WERK II ★ (122 A–B5) (*E13*)
Kulturfabrik in den Hallen des ehemaligen VEB Werkstoffprüfmaschinen. Die Veranstalter holen für die Konzerte in den Hallen A oder D Bands aus aller Welt nach Leipzig. *Kochstr. 132 | Tickets: Tel.*

BÜCHER & FILME

Nikolaikirche – Erich Loests Roman über die friedliche Revolution im Herbst 1989 ist mittlerweile ein Standardwerk. Die Anfänge der Montagsdemos und den Kampf gegen Spitzel und Staatsapparat verfolgt Loest zurück bis ins Jahr 1968, als die SED-Stadtleitung die Paulinerkirche sprengen ließ

Als wir träumten – Um die Verlierer der deutschen Wende geht es in diesem Roman von Clemens Meyer: Vier Jugendliche im Leipziger Osten führen ein Leben im Dunstkreis von Alkohol, Straßenkämpfen und Kleinkriminalität

Das Fliegende Klassenzimmer – Ein Spaß für Jung und Alt ist diese Verfilmung (2002) des Erich-Kästner-Klassikers. Der Streifen von Tomy Wigand spielt im Internat der Thomaner und ist hochkarätig besetzt: u. a. mit Ulrich Noethen und Sebastian Koch

SOKO Leipzig/In aller Freundschaft – Wenn nachts Scheinwerfer den Park erleuchten, sind wohl mal wieder die Kommissare der SOKO Leipzig im Einsatz. In die beste Sendezeit der ARD rückte die in Leipzig produzierte Arztserie „In aller Freundschaft" auf

Zauberkünstler im Varieté-Theater Krystallpalast

0341 3 08 01 40 | www.werk-2.de | Straßenbahnen 9, 10, 11 Connewitzer Kreuz

WESTWERK (120 C2) (*🕮 A11*)
An die Geschichte der Eisengießerei erinnern das gleichnamige Edelrestaurant und der Pferdehof. Heute beherbergt das Industriedenkmal Ateliers, Werkstätten, Ausstellungsräume, Lokale und Clubs. *Karl-Heine-Str. 93 | Tel. 0341 9 26 17 00 | www.westwerk-leipzig.de | Straßenbahn 14 Merseburger Straße*

THEATER & OPER

INSIDER TIPP **HAUS DREILINDEN MUSIKALISCHE KOMÖDIE**
(120 C1) (*🕮 B10*)
Operetten und Musicals in traumschönen Inszenierungen. *Dreilindenstr. 30 | Tel. 0341 1 26 12 61 | Straßenbahnen 3, 7, 8, 15 Angerbrücke*

OPERNHAUS (115 D–E 2–3) (*🕮 E9*)
Publikumsnahe Inszenierungen, tolles Ballett, und im Graben spielt das Gewandhausorchester. Seit der Renovierung ist das Haus ein Vorzeigeobjekt für DDR-Architektur. *Augustusplatz 12 | Tel. 0341 1 26 12 58 | alle Straßenbahnen ins Zentrum, Augustusplatz*

SCHAUSPIEL LEIPZIG (114 B3) (*🕮 D9*)
Unter Enrico Lübbe gibt's Klassiker auf der großen Bühne, zeitgenössische Werke auf der Probenbühne und in der *„Diskothek". Bosestr. 1 | Tel. 0341 1 26 81 68 | www.schauspiel-leipzig.de | Straßenbahn 9 | Bus 89 Thomaskirche*

THEATER DER JUNGEN WELT
(120 C1) (*🕮 A10*)
Poetische Inszenierungen für Kinder und Jugendliche, INSIDER TIPP die sich auch für Erwachsene lohnen. *Lindenauer Markt 21 | Tel. 0341 48 66 00 | Straßenbahnen 7, 8, 15 Lindenauer Markt*

VARIETÉ-THEATER KRYSTALLPALAST
(115 D4) (*🕮 E10*)
Der Name ist eine Reminiszenz an das größte Varieté Europas, das bis 1943 in Leipzig war. Heute verzaubern hier Entertainer und Magier. *Magazingasse 4 | Tel. 0341 14 06 60 | Straßenbahnen 2, 8, 9, 10, 11, S-Bahn Wilhelm-Leuschner-Platz*

ÜBERNACHTEN

Möchten Sie einmal übernachten wie Karl Marx im Hotel am Bayrischen Platz oder lieber wie Ex-Tennisstar Martina Navratilova im noblen Lindner? In jedem Fall werden Sie gut gebettet: Viele Hotels in der Stadt sind neu erbaut oder frisch saniert. Sie bieten Komfort und häufig ausgefallenes Design.

Allein rund um Bahnhof und Brühl wetteifert rund ein Dutzend Hotels um auswärtige Gäste. In Messenähe sind einige moderne Hotelkästen aus dem Boden geschossen, in den Stadtteilen locken familiär geführte Herbergen. Neu im Geschäft sind schicke Apartmenthotels in historischen Gemäuern, deren Wohnungen Sie auch tageweise mieten können. Gut für den Geldbeutel: Selbst die gehobenen Hotels sind hier noch erschwinglich. In letzter Zeit haben zudem viele Hostels eröffnet. Sie sorgen mit klarem Design und smarten Extras für frischen Wind in der Branche und sind eine gute Variante nicht nur für klamme Schüler und Studenten, sondern auch für preisbewusst reisende Familien.

Zu den großen Publikumsmessen boomt das Geschäft: Die Zimmerpreise schnellen dann in die Höhe, viele Häuser sind ausgebucht. Am Wochenende und im Hochsommer ist es ruhiger, und dann lassen sich die Leipziger Gastgeber eine Menge einfallen: kulinarische Themenwochen in pfiffigen Hotelrestaurants, Vernissagen oder Tageskarten für den Wellnessbereich. Nutzen Sie einfach diese Vorteile, und fragen Sie nach Sonderangeboten.

 Bild: Hotel Fürstenhof

Saniert, gestylt und manchmal mit Kunstgenuss: Bei der Hotelwahl haben Leipzigs Besucher gute Karten

HOTELS €€€

ARCONA LIVING BACH 14

(114 C3) (*🗺 D10*)

Das Hotel mit Blick auf den Thomaskirchhof steht ganz im Zeichen von Johann Sebastian Bach. Über jedem Bett hängt eine großformatige Partitur, je nach Zimmerkategorie eine Fuge, Partita, Sonate, Motette oder Kantate. Das schöne Renaissancehaus ist modern eingerichtet; Weinwirtschaft im Erdgeschoss. *52 Zi. und Ap. | Thomaskirchhof 13/14 | Tel. 0341 496140 | www.bach14.arcona.de | Straßenbahn 9 | Bus 89, S-Bahn Thomaskirche*

INTERCITY HOTEL LEIPZIG

(114 C1) (*🗺 E9*)

Blick auf den Hauptbahnhof, dazu Komfort und fotografische Reminiszenzen an die Montagsdemos von 1989. Das *Intercity* ist ein weiterer Komet am Leipziger 4-Sterne-Himmel. *166 Zi. | Tröndlinring 2 | Tel. 0341 3086610 | www.intercityhotel.com | alle Straßenbahnen ins Zentrum, S-Bahn Hauptbahnhof*

LEIPZIG MARRIOTT HOTEL

(115 D2) *(🕮 E9)*

Internationales Flair, opulente Einrichtung in Dunkelgrün und Bordeauxrot. Edles Frühstücksrestaurant mit Blick auf den Brühl, trotzdem lockere Atmosphäre. Wellnessbereich mit Pool, Whirlpool, Sauna. Auf US-Geschmack sind *Allie's American Grille* und die *Champions Bar* zugeschnitten. *231 Zi., 5 Sui. | Am Hallischen Tor 1 | Tel. 0341 9 65 30 | www.marriott.de | alle Straßenbahnen ins Zentrum, S-Bahn Hauptbahnhof*

Poppige Erinnerung an die friedliche Revolution: Wandgemälde am Marriott-Hotel

RADISSON BLU HOTEL

(115 E3) *(🕮 E10)*

Neue Glasfassade und elegantes Innenleben: Tassilo Bost schuf Wohlfühl-Zimmer mit dunklem Holz und den Farben Aubergine und Weiß. Zum Teil verglaste Bäder, Espressomaschinen. Suite buchbar mit Mini-Cooper-Leihwagen. Nett: *Spagos Grill and Bar* mit ausgezeichneten Weinen und einer kleinen ausgesuchten Speisekarte. *214 Zi. | Augustusplatz 5–6 | Tel. 0341 2 14 60 | www.radissonblu.com/hotel-leipzig | alle Straßenbahnen ins Zentrum, Augustusplatz*

SEASIDE PARK HOTEL ★

(115 D2) *(🕮 E9)*

Gepflegtes Hotel mit Tradition: Zur Einweihung des Völkerschlachtdenkmals öffnete ein Grandhotel hier seine Pforten. Die Lage ist nach wie vor exzellent. Art déco schnörkelt sich durchs Haus – vom Teppich bis zu den Lampen. Individuell geschnittene Zimmer. Im Souterrain speist man im INSIDER TIPP *Steak Train*, während „draußen" die Landschaft per Video an einem vorbeigleitet. *278 Zi., Suiten und Ap. | Richard-Wagner-Str. 7 | Tel. 0341 9 85 20 | www.parkhotelleipzig.de | alle Straßenbahnen ins Zentrum, S-Bahn Hauptbahnhof*

VICTOR'S RESIDENZ-HOTEL LEIPZIG ★ (115 E2) *(E9)*
Hinter der denkmalgeschützten Jugendstilfassade verbirgt sich ein First-Class-Hotel. Gegenüber vom Leipziger Hauptbahnhof nächtigt man am Puls der Stadt. Die stilvollen Zimmer sind trotzdem ruhig. Ein Traum die 36 m² große Hochzeitssuite ganz in Weiß! *97 Zi., 4 Suiten | Georgiring 13 | Tel. 0341 6 86 60 | www.victors.de | alle Straßenbahnen ins Zentrum, S-Bahn Hauptbahnhof*

HOTELS €€

BALANCE HOTEL LEIPZIG – ALTE MESSE (123 E3) *(H12)*
Viel Platz bietet der Neubau in Stötteritz. Grüner Innenhof, in dem man im Sommer frühstücken kann. Nettes Extra: Hotelgäste erhalten ein Nahverkehrsticket. *126 Zi. | Breslauer Str. 33 | Tel. 0341 8 67 90 | www.balancehotel-leipzig.de | Straßenbahn 4 Breslauer Straße*

GÄSTEHAUS LEIPZIG (114 B5) *(D10)*
Die herrschaftliche Villa aus dem Jahr 1908 war das ehemalige Domizil des Verlegers Arthur Seemann und liegt in unmittelbarer Nähe zum Bundesverwaltungsgericht und mehreren Hochschulen. Fahrradverleih. *8 Zi., 2 Ap. | Wächterstr. 32 | Tel. 0341 14 06 31 31 | www.gaestehaus-leipzig.de | Straßenbahnen 2, 8, 9 Neues Rathaus*

GALERIE HOTEL LEIPZIGER HOF (119 D5) *(G9)*
Im denkmalgeschützten Gründerzeithaus bekommt man Bilder ans Herz gelegt: INSIDER TIPP Rund 250 Gemälde hängen in Gängen und Zimmern, darunter Werke berühmter Leipziger wie Wolfgang Mattheuer oder Werner Tübke, aber auch Bilder junger Künstler. Fr Führung durch die Sammlung (17 Uhr). Geräumige Zimmer unterm Dach; Fahrradverleih. *73 Zi., 4 Ap. | Hedwigstr. 1–3 | Tel. 0341 6 97 40 | www.leipziger-hof.de | Straßenbahnen 1, 3, 8 Einertstraße*

INSIDER TIPP **HOTEL FREGEHAUS** (114 C2) *(E9)*
Das familiär geführte Hotel im ehemaligen Bankhaus Frege hat besonderen Charme und freundliche, engagierte Mitarbeiter. Gegenüber vom Museum der Bildenden Künste; Frühstück, Teestunde, Wein und Wasser, Personal Trainer auf Anfrage. *20 Zi., 1 Ap. | Frühstück 10 Euro |*

MARCO POLO HIGHLIGHTS

★ Steigenberger
Erste Adresse für hervorragenden Service und nichtalltägliche Angebote → S. 86

★ Seaside Park Hotel
Art déco vom Teppich bis zur Lampe – plus Menü im virtuellen Steak Train → S. 84

★ Noch Besser Leben
Gar nicht teuer und ganz nah dran an der Westkultur → S. 89

★ Victor's Residenz-Hotel
Hinter Jugendstilfassade ein First-Class-Hotel im Herzen der Stadt → S. 85

★ Quartier M
Schicke Apartments mitten in der Stadt, Bioküche im Haus → S. 88

★ Sleepy Lion
Gute Alternative zur herkömmlichen Jugendherberge → S. 89

Katharinenstr. 11 | Tel. 0341 26 39 31 57 | www.hotel-fregehaus.de | S-Bahn, Bus 89 Markt | alle Straßenbahnen ins Zentrum Goerdelerring

HOTEL IM SACHSENPARK (126 B2) *(🕮 F2)*
Zur Neuen Messe ist es nur ein Katzensprung. Und so ist das Haus in seiner kühlen Eleganz vor allem auf Geschäftsleute eingerichtet. Der Komfort samt Sauna lässt sich außerhalb der Messezeiten am günstigsten nutzen. *112 Zi. | Walter-Köhn-Str. 3 | Tel. 0341 5 25 20 | www.sachsenparkhotel.de | Straßenbahn 16 Messegelände*

HOTEL MICHAELIS (122 B2) *(🕮 E11)*
Herrschaftlich saniertes Haus (Baujahr 1907) in einer Seitenstraße der Kneipen- und Einkaufsmeile Karl-Liebknecht-Straße. Freundlich, hell, ausgezeichnete Küche, im Sommer Terrasse. *62 Zi./Ap. | Paul-Gruner-Str. 44 | Tel. 0341 2 67 80 | www.michaelis-leipzig.de | Straßenbahnen 10, 11 Hohe Straße/LVB*

LUXUSHOTELS

Hotel Fürstenhof ● **(114 C1)** *(🕮 D–E9)*
Exklusivität auf kleinem Raum, illustre Gäste: Richard von Weizsäcker, Sophia Loren, Tina Turner u. a. Der Bankier Löhr ließ sich 1770 das Palais errichten, 1889 empfing hier erstmals der Fürstenhof Gäste. Sehenswert der prunkvolle Serpentinsaal von 1865, original mit dem „Marmor der sächsischen Könige" wieder hergestellt. Der Pool ist in eine Felslandschaft eingebettet. *80 Zi. | EZ ab 145, DZ ab 150 Euro | Tröndlinring 8 | Tel. 0341 14 00 | www.hotelfuerstenhofleipzig.com | alle Straßenbahnen ins Zentrum, Goerdelerring*

Lindner Hotel Leipzig (116 B5) *(🕮 O)*
Hier übernachten (nicht nur) Promis. Das Lindner im exklusiven Wohnviertel Leutzsch hat einen ausgezeichneten Ruf. Gartenterrasse, kostenloser Fahrradverleih, Wanderwege und Joggingpfade im angrenzenden Auwald. *170 Zi., davon 7 Suiten und 15 Ap. | DZ ab 96, Suiten ab 146 Euro | Hans-Driesch-Str. 27 | Tel. 0341 4 47 80 | www.lindner.de | Straßenbahn 7 Leutzscher Rathaus*

Steigenberger Grandhotel Handelshof ★ **(114 C2–3)** *(🕮 E9)*
Der prächtige Handelshof wurde 1908 als Messehaus am Naschmarkt errichtet und bis 2011 zum Grandhotel umgebaut. Von der Präsidentensuite (220 m²) über die Bar im Lichthof bis zur Brasserie lässt das 5-Sterne-Hotel keinen Wunsch offen. *163 Zi., 14 Suiten | DZ ab 152, Suiten ab 289 Euro | Salzgässchen 6 | Tel. 0341 3 50 88 10 | Bus 89 Markt | alle Straßenbahnen ins Zentrum, S-Bahn Hauptbahnhof*

The Westin Leipzig ☀ **(114 C1)** *(🕮 E9)*
Hier entspannte schon der Dalai Lama. Mit asiatisch angehauchtem Design empfängt die Lobby die Gäste. Die klare Designlinie zieht sich durch die luxuriösen Zimmer. Im Restaurant *Falco* im 27. Stock serviert Peter Maria Schnurr leichte Küche (2 Michelin-Sterne) zur tollen Aussicht. Größter Hotelpool der Stadt. *436 Zi. | Zi. ab 95, Suiten ab 179 Euro | Gerberstr. 15 | Tel. 0341 98 80 | www.westin-leipzig.de | alle Straßenbahnen ins Zentrum, S-Bahn Hauptbahnhof*

PARKHOTEL DIANI
(123 E–F6) *(🕮 H14)*
Jugendstilvilla im Grünen mit großzügigen Zimmern und persönlicher Atmosphäre. In der Nähe: Völkerschlachtdenkmal und Silbersee. *71 Zi. | Connewitzer Str. 19 | Tel. 0341 8 67 40 | www.parkhotel-diani.de | Straßenbahn 15 Probstheida*

PENTAHOTEL LEIPZIG (115 F3) *(🕮 F9)*
Der Komfort eines großen Hauses zeichnet das Hotel in Opernnähe aus. Großer Fitnessbereich mit Pool und Sauna. *295 Zi. | Großer Brockhaus 3 | Tel. 0341 129 20 | www.pentahotels.com | alle Straßenbahnen ins Zentrum, Augustusplatz*

HOTELS €

FLAIR-HOTEL ALT CONNEWITZ
(122 B5) *(🕮 E14)*
Kleines Hotel am südlichen Stadtrand, das Siegrun Kießling mit Charme führt. Rustikales Ambiente, Restaurant. *35 Zi. | Meusdorfer Str. 47a | Tel. 0341 3 01 37 70 | www.alt-connewitz.de | Straßenbahn 9 Mathildenstraße | Straßenbahn 11 Pfeffinger Straße*

HOTEL AM BAYRISCHEN PLATZ
(115 E6) *(🕮 E11)*
Hier haben schon Karl Marx und seine Tochter genächtigt. In Erinnerung daran wurde extra ein INSIDER TIPP „Marx-Zimmer" mit historischen Möbeln eingerichtet. Abgesehen davon nächtigen die Gäste in edlem Ambiente in Blau und Gold. *32 Zi. | Paul-List-Str. 5 | Tel. 0341 14 08 60 | www.hotel-bayrischer-platz.de | Straßenbahnen 2, 9, 16, S-Bahn Bayrischer Platz*

HOTEL MARKGRAF (122 B2–3) *(🕮 E11)*
Die Nähe zur Kulturmeile Süd mit ihren Kneipen und Läden ist am hübschen Körnerplatz nicht zu spüren. Das familiär geführte Hotel lädt zum Entspannen

Originell wohnen im Meisterzimmer

ein. Ansprechend die Wintergartenatmosphäre im Frühstücksrestaurant sowie die Sommerterrasse. *56 Zi. | Körnerstr. 36 | Tel. 0341 30 30 30 | www.markgraf-leipzig.de | Straßenbahnen 10, 11 Südplatz*

MEISTERZIMMER (120 B2–3) *(🕮 A11)*
Wohnen auf dem Spinnereigelände inmitten von Ateliers und Galerien. Im Fabrikloft stehen INSIDER TIPP Rollbetten, Werkbank und Einsiedlerhütte bereit. *2 Ap., min. 2 Nächte | Spinnereistr. 7 | Handy 0178 3 74 44 65 | www.meisterzimmer.de | Straßenb. 14 | S-Bahn, Bus 60 S-Bahnhof Plagwitz*

MERSEBURGER HOF
(120 B–C1) *(🕮 A10)*
Über eine Wendeltreppe steigt man in das Türmchen des neoklassizistischen Ge-

bäudes in Lindenau und bekommt einen tollen Blick über Leipzig geboten. Familie Hertwig hat das Haus dezent möbliert. Eigene Bowlingbahn. *50 Zi. | Merseburger Str. 107 | Tel. 0341 8 70 96 60 | www.merseburger-hof.de | Straßenbahn 7 Georg-Schwarz-/Merseburger Straße*

APARTMENTHOTELS

INSIDER TIPP ELSTERLOFT
(121 D2) (*B11*)
Spektakulär wohnen in Deutschlands größtem Industriedenkmal: Die Buntgarnwerke (1875–1925) im angesagten Stadtteil Plagwitz bieten Lofts in komfortabler Ausstattung auf zwei Etagen. *27 Loftwohnungen | min. 2 Nächte, ab 70 Euro | Nonnenstr. 21–21 a | Tel. 0341 2133 88 00 | www.apartment-leipzig.de | Straßenbahnen 1, 2 Stieglitzstraße*

Auch in den Lofts der ehemaligen Buntgarnwerke in Plagwitz kann man sich einmieten

MOTEL ONE (115 D2–3) (*E9*)
Gelungener Neubau. Den Blick auf die Nikolaikirche gibt es hier zum supergünstigen Preis gleich mit dazu. *194 Zi. | Nikolaistr. 23 | Tel. 0341 3 37 43 70 | www.motel-one.com | alle Straßenbahnen ins Zentrum, Augustusplatz*

PENSION AM SÜDPLATZ
(122 A3) (*E11–12*)
Im Südstadtkiez beherbergt Familie Klose die Gäste ganz familiär. Mindestaufenthalt zwei Nächte. *8 Zi. | Kochstr. 4 | Tel. 0341 3 01 96 06 | www.pensionamsuedplatz.de | Straßenbahnen 10, 11 Südplatz*

QUARTIER M ★ (114 C4) (*D10*)
Apartmenthaus mitten in der Stadt. Im Treppenhaus empfängt Sie ein historischer Lift, die Apartments sind modern und schick eingerichtet. Wenn Sie keine Lust zum Kochen haben: Biofrühstück und andere Mahlzeiten gibt's bei *Macis* unten im Haus. *49 Ap. | ab 75 Euro | Markgrafenstr. 10 | Tel. 0341 21 33 88-00 |*

www.apartment-leipzig.de | Straßenbahnen 2, 8, 9, 10, 11 Neues Rathaus

SCHLAFGUT (115 E3) (*🕮 E10*)
Am östlichen Tor zur Innenstadt befand sich früher *Pragers Biertunnel*. 2010 zog dort das Apartmenthotel ein, das auch Pensionszimmer vermietet. Blick auf den Augustusplatz. *29 Ap. ab 70, 6 Zi. ab 65 Euro | kein Frühstück im Haus | Nürnberger Str. 1 | Tel. 0341 2110900 | www.schlafgut-leipzig.de | alle Straßenbahnen ins Zentrum, Augustusplatz*

FÜR JUNGE LEUTE

A & O HOSTEL (115 E1) (*🕮 E9*)
Gegenüber vom Bahnhof hat sich das Hostel im alten Reichspostgebäude einquartiert. Große Lobby mit Bar, Kinderspielplätze in der Empfangshalle und im Frühstücksraum, Sonnenterrasse, Fahrradverleih. *Bett ab 9 Euro | Brandenburger Str. 2 | Tel. 0341 25079-4900 | www.aohostels.com | alle Straßenbahnen ins Zentrum, S-Bahn Hauptbahnhof*

FREIE ZIMMER LEIPZIG
(122 A1) (*🕮 E10*)
Schlicht, zentral und günstig sind diese Zimmer am Tor zur Südvorstadt. Die Partymeile beginnt gleich vor der Tür. DZ ab 54 Euro ohne Frühstück. *6 Zi., 1 Ap. | Karl-Liebknecht-Str. 1a | Tel. 0341 25668072 | www.freie-zimmer-leipzig.de | Straßenbahnen 10, 11 Hohe Straße*

WEISSES ROSS (115 E4) (*🕮 E10*)
Inhabergeführter Gasthof aus dem 19. Jh. im Universitätsviertel. Kleine Gaststätte mit lokaler Speisekarte und Leipziger Bier, jeden Mo Doppelkopfrunde. 6 Zi. ab 42 Euro. *Auguste-Schmidt-Str. 20 | Tel. 0341 9605951 | www.weisses-ross-leipzig.de | Straßenbahnen 12, 4, 7, 15 Johannisplatz*

PRIVATUNTERKÜNFTE

BED AND BREAKFAST (114 C2) (*🕮 E9*)
Hier können Sie ein Privatzimmer buchen, auch nur für eine Nacht. Für Preise ab 25 Euro nächtigen Sie bei gastfreundlichen Leipzigern zu Hause. *Leipzig Tourist Service (Katharinenstr. 8 | Tel. 0341 7104255 | www.leipzig.travel/)*

MITWOHNZENTRALE AM HAUPTBAHNHOF (118 B5) (*🕮 E9*)
Die Angebote für privates Wohnen gelten ab einem Mindestaufenthalt von drei Tagen: Rechnen Sie mit 15–35 Euro pro Person und Nacht. Die Vermittlunsgebühr beträgt 25 Prozent vom Tagespreis. *Nordstr. 1 | Tel. 0341 19430 | www.mitwohnzentrale-leipzig.de*

LOW BUDG€T

Nur einen Steinwurf entfernt vom noblen *Hotel Fürstenhof* ist das Jugendhotel ★ *Sleepy Lion* **(114 B1) (*🕮 D9*)** *(Jacobstr. 1 | Tel. 0341 9939480 | www.hostel-leipzig.de | alle Straßenbahnen ins Zentrum, Goerdelerring)* in ein saniertes Gründerzeithaus gezogen. Kostenlose Stadtpläne, Veranstaltungsinfos am Schwarzen Brett, DZ ab 44 Euro.

Mitten im boomenden Viertel Plagwitz liegt die liebenswerte, teilsanierte Pension ★ *Noch Besser Leben* **(120 C2) (*🕮 A11*)** *(7 Zi. | Merseburger Str. 25/Ecke Karl-Heine-Straße | Tel. 0341 9757330 | www.nochbesserleben/pension/ | Straßenbahnen 3, 14 Felsenkeller)* über der Bar gleichen Namens. DZ 40 Euro, Frühstück 5,20 Euro.

ERLEBNISTOUREN

1 LEIPZIG PERFEKT IM ÜBERBLICK

START: ① Café Telegraph
ZIEL: ⑪ Vodkaria

Strecke:
➡ 13 km

1 Tag
reine Geh-/Fahrzeit
1¾ Stunden

KOSTEN: 90 Euro für Tageskarte ÖPNV, Eintritte, Imbiss und Drink am Abend

ACHTUNG: Für den Besuch eines Konzerts im ⑩ Gewandhaus müssen Sie Karten im Voraus reserviert haben; die Konzerte des Gewandhausorchesters (meist Do und Fr) sind regelmäßig ausverkauft.

Auf dieser Tour lernen Sie im Schnellverfahren die unterschiedlichen Seiten einer lebendigen Stadt kennen, die im Laufe ihrer Geschichte helle und dunkle Zeiten erlebt hat. Die wichtigsten Sehenswürdigkeiten finden Sie auf engem Raum in der Innenstadt versammelt.

Städte haben viele Facetten. Wenn Sie Lust haben, diese verschiedenen Gesichter mit all ihren einzigartigen Besonderheiten zu entdecken, wenn Sie jenseits bekannter Pfade geführt oder zu grünen Oasen, ausgewählten Restaurants oder typischen Aktivitäten geleitet werden wollen, dann sind diese maßgeschneiderten Erlebnistouren genau das Richtige für Sie. Machen Sie sich auf den Weg und folgen Sie den Spuren der MARCO POLO Autoren – ganz bequem und mit der digitalen Routenführung, die Sie sich über den QR-Code auf S. 2/3 oder die URL in der Fußzeile zu jeder Tour downloaden können.

09:00 Gönnen Sie sich ein paar ruhige Minuten, bevor Sie sich in das Gewühl der Stadt werfen. Das **1 Café Telegraph → S. 59** liegt nur ein paar Minuten von der Straßenbahnhaltestelle Thomaskirche entfernt und ist hell und luftig. Die Frühstückskarte reicht von kanadischen Pancakes bis zu hausgebeiztem Lachs, auf dem Tresen liegt Tagespresse aus ganz Europa aus. So gestärkt machen Sie sich auf den Weg in ein erstes düsteres Kapitel der Leipziger Geschichte. **Wenn Sie sich vor dem Café nach rechts wenden, stößt die kleine Straße bald auf den Dittrichring.**

1 Café Telegraph

Bild: Nikolaikirche

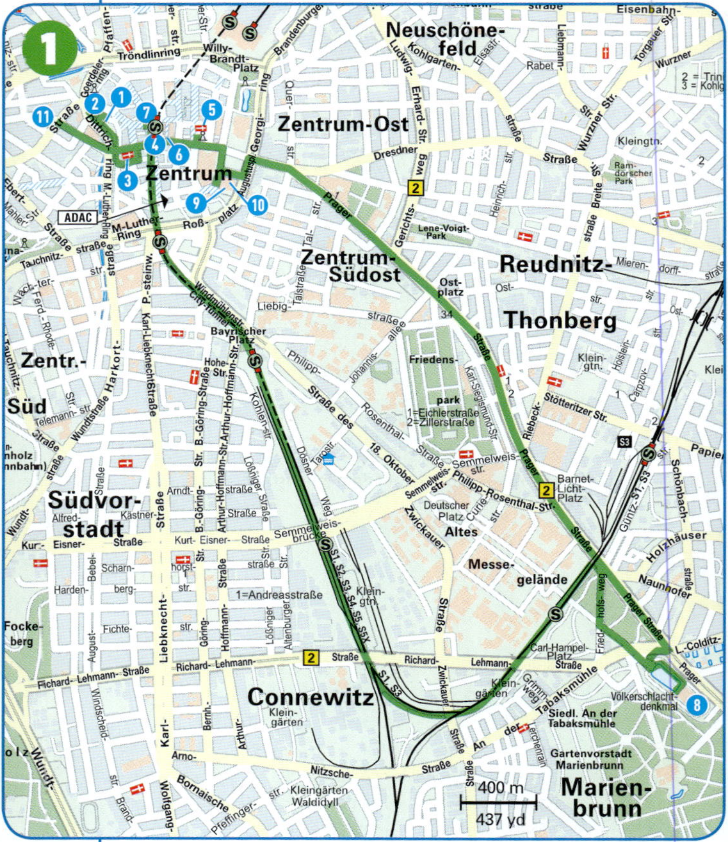

2 Museum in der „Runden Ecke"

Dort öffnet ab 10 Uhr das **2 Museum in der „Runden Ecke"** **→ S. 38**. In diesem Gebäude befand sich bis 1989 die Stasi-Zentrale der Stadt. Noch heute liegt über dem Museum der Mief der Amtsstuben und Verhörzellen.

11:00 Doch nun wird's heiterer: Zu den Schwergewichten eines Leipzig-Besuchs gehören die Thomas- und die Nikolaikirche. Die beiden großen evangelischen Innenstadtkirchen zeichnet eine jahrhundertalte Rivalität aus, doch seit dem Herbst 1989 hat jede ihre Bestimmung gefunden. Die Thomaskirche steht ganz im Zeichen Johann Sebastian Bachs und der Thomaner. Die Nikolaikirche erwarb sich unsterblichen Ruhm, als sie 1989 unter dem Motto „offen für alle" immer mehr Oppositionellen bei den Friedensgebeten einen Schutzraum bot. Vom Museum in der Runden Ecke ist es nur ein Sprung bis zur ❸ **Thomaskirche → S. 41**. **Sie gehen zurück zum Café Telegraph und dann rechts auf dem Dittrichring weiter,** bis das Große Portal mit dem halbrunden Vorplatz auftaucht. Freitags, samstags und zum Gottesdienst am Sonntag können Sie sogar INSIDER TIPP die weltberühmten Thomaner singen hören. Gleich nebenan am Thomaskirchhof erfahren Sie im **Bachmuseum → S. 32** mehr über den Komponisten, seine Familie und seine Musik. **Wandern Sie dann am stattlichen ❹ Markt → S. 36 mit dem Alten Rathaus → S. 29 vorbei über die Grimmaische Straße ganz gemütlich einmal quer durch die Innenstadt** bis zur ❺ **Nikolaikirche → S. 39**. **Nach ein paar hundert Metern zweigt links die Nikolaistraße ab.** Die Kirche ist bereits in Sichtweite. „Keine Gewalt" war das Thema unzähliger Stoßgebete unter den immergrünen Palmwedeln, bevor Tausende Bürger an jedem Montag im Herbst 1989 auf dem Innenstadtring für freie Wahlen und offene Grenzen demonstrierten.

13:00 Das Mittagessen rückt nun langsam näher. **Gehen Sie auf der Grimmaischen Straße zurück zum Markt.** Auf dem Weg dahin empfiehlt es sich, Abstecher durch Leipzigs schöne Passagen zu machen. Die Innenstadt ist durchfurcht von Messehäusern und -höfen, in denen früher die Kaufleute ihre Ware auslegten. Die hübschen Lädchen verführen auf der rechten Seite im **Specks Hof → S. 40** oder in der ❻ **Mädlerpassage → S. 36** (links) auch heute noch zum Kauf. Lassen Sie den Blick auch mal nach oben schweifen, um die schönen Baudetails zu genießen. Rund um den Markt und im Barfußgässchen gibt es jede Menge gute Restaurants. Vom ❼ **Weinstock → S. 65** aus haben Sie einen schönen Blick auf das Alte Rathaus, der Service ist zackig, die Küche leicht. Von der Hainstraße aus, an der das Restaurant liegt, zweigt **Barthels Hof → S. 33** ab, ein weiterer prächtiger Messehof der Stadt.

15:00 Der Tag hat nur 24 Stunden, Leipzig aber viele Sehenswürdigkeiten. Und so geht es jetzt zügig in den Südosten der Stadt zum schaurig-schönen ❽ **Völkerschlachtdenkmal → S. 54**. **Steigen Sie am Markt in die S-Bahn 1 (Richtung Stötteritz), die sie zum Völkerschlachtdenkmal bringt. Von der Haltestelle aus gehen Sie auf der Straße des 18. Oktober ca. 10 Min. bis zum Denkmal.** Der Koloss erinnert an das Grauen der Schlacht von 1813. Von

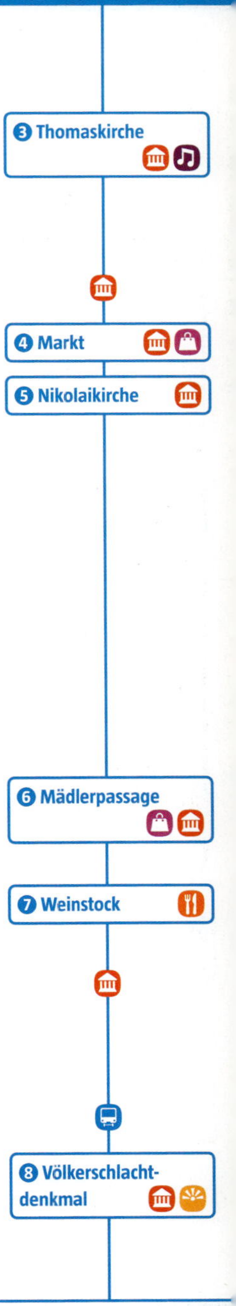

der Plattform auf 91 m Höhe haben Sie einen wunderschönen Blick über die ganze Stadt. **Vom Völkerschlachtdenkmal bringt Sie die Straßenbahnlinie 15 Richtung Miltitz in die Innenstadt zurück. Steigen Sie am Augustusplatz aus.**

9 City-Hochhaus

10 Gewandhaus

11 Vodkaria

17:00 Ein weiterer großartiger Blick erwartet Sie im Restaurant **Panorama Tower → S. 61** am Augustusplatz, das auf der 29. Etage des **9 City-Hochhauses → S. 33** liegt. Darüber gibt es sogar noch eine Aussichtsplattform mit einer kleinen **Bar** *(Eintritt 3 Euro)*. Lassen Sie zum Aperitif den Blick über die Innenstadt, den Bahnhof und die Seen und Grüngürtel am Stadtrand schweifen. Gleich unterhalb des Towers befindet sich das **10 Gewandhaus → S. 79**, wo der Tag nun noch einen glanzvollen Abschluss findet. Frische Luft tut nach diesem langen Tag gut. **Wandern Sie auf der Grimmaischen Straße noch einmal durch die Innenstadt bis zur Kneipenmeile Gottschedstraße auf der anderen Seite des Dittrichrings.** Reichlich Stoff zum Absacken gibt es in der **11 Vodkaria → S. 77**.

2 PADDELTOUR DURCH PLAGWITZ

START: 1 Wilhelm-Leuschner-Platz
ZIEL: 1 Wilhelm-Leuschner-Platz

Strecke:
17 km

5 Stunden
reine Fahrzeit
3 Stunden

KOSTEN: 40 Euro
MITNEHMEN: Sportschuhe

ACHTUNG: Kleidung wird beim Paddeln im Kajak oft nass.
Abstand zum Palmenwehr halten, Lebensgefahr!

Bei Sonnenschein geht es raus aufs Wasser. Rudern bzw. Paddeln wird belohnt: Aus der Entenperspektive enthüllt der ehemalige Industriestadtteil Plagwitz ein neues Gesicht: romantisch, imposant, irgendwo zwischen Londoner Docklands und Klein Venedig.

1 Wilhelm-Leuschner-Platz

2 Bootsverleih Herold

09:00 **Los geht es am 1 Wilhelm-Leuschner-Platz mit der Straßenbahn Linie 2 Richtung Lausen bis zur Haltestelle Rödelstraße.** Von hier aus ist es nur ein Katzensprung um die Ecke bis zum **2 Bootsverleih Herold** *(Tel. 0341 4 01 10 59)* an der Weißen Elster. Gleich nach dem Ablegen verebbt der Straßenlärm. Das Boot gleitet an Kleingartenanlagen und dicht bewachsenen Ufern entlang. Eine

Idylle, in der ufernahe Grundstücke mit schicken Eigentumswohnungen bebaut wurden. Mit jedem Ruderschlag nähern Sie sich Plagwitz, das sich Mitte des 19. Jhs. vom verschlafenen Dorf zum ersten Industriestandort Leipzigs mauserte. Wie gewaltig die Ausmaße waren, wird nach der Unterquerung der Industriestraße eindrucksvoll sichtbar: Beiderseits der Elster erstreckt sich der riesige Komplex der Buntgarnwerke.

Bevor Sie an den hohen Fassaden entlanggleiten, gönnen Sie sich aber noch einen Abstecher in den vom Industriepionier Karl Heine Mitte des 19. Jhs. angelegten Kanal, der hinter der Brücke Industriestraße abzweigt. **Sie unterfahren hier die malerische, originalgetreu sanierte Nonnenbrücke von 1893 und manövrieren das Boot durch die mit 5,50 m schmalste Stelle des Kanals.** Dahinter öffnet sich der Blick in den **3 Karl-Heine-Kanal**. Das 2,5 km lange Teilstück präsentiert sich heute einladend wildromantisch. Seit der Entschlammung ist der üble Geruch aus dem Kanal verschwunden, typische Pflanzen blühen am Rand, und die ehemalige Verladestation oberhalb des Südufers wurde zum Stadtteilpark umgestaltet. Am Karl-Heine-Bogen erhebt sich das imposante **4 Stelzenhaus**. In der einstigen Lagerhalle sind heute Firmen, Wohnungen und das gehobene **Restaurant Stelzenhaus** *(tgl. | Tel. 0341 4 92 44 45 |*

3 Karl-Heine-Kanal

4 Stelzenhaus

Karl-Heine-Kanal: Wer nicht selbst paddeln will, nimmt die Gondel

5 Buntgarnwerke
6 Könneritzbrücke
7 Weiße Elster
8 Rennbahnsteg
9 Bootsverleih Herold
1 Wilhelm-Leuschner-Platz

€€€) untergebracht. In seinem schönen Biergarten können Sie sich eine erste Pause gönnen.

11:30 **Zurück auf der Weißen Elster, geht es jetzt vorbei an den Ziegelfassaden der 5 Buntgarnwerke** (1879–1925). Das größte Gründerzeit-Industriedenkmal Deutschlands ist heute ein Paradebeispiel für den Wandel des Viertels: Wo einst Maschinen wummerten und Menschen für die Sächsischen Wollgarnwerke schufteten, sind an der Nonnenstraße Restaurants, Arztpraxen, Post und Verwaltung eingezogen. Zum Wasser und zur Holbeinstraße hin sind großzügige Lofts entstanden – urbanes Leben am Wasser. Spätestens, wenn Sie unter der bei Malern beliebten Stahlkonstruktion der **6 Könneritzbrücke** hindurchgefahren sind, ist es Zeit für eine längere Pause: Das Restaurant **7 Weiße Elster** *(ab 12 Uhr, Mo geschl. | €)* hat eine eigene Anlegestelle und eine Terrasse über dem Wasser. Da Sie jetzt wieder Puste haben, **paddeln Sie noch weiter Richtung Palmengartenwehr und durch das Elsterflutbett bis zum 8 Rennbahnsteg** an der Galopprennbahn Scheibenholz. Zurück müssen Sie aber in jedem Fall, denn durch die Wehre ist kein Rundkurs möglich. Wenn Sie das Boot beim **9 Bootsverleih Herold** wieder abgegeben haben, **fahren Sie mit der Straßenbahn zurück zum 1 Wilhelm-Leuschner-Platz**.

3 GOHLIS – VILLEN, SCHLÖSSCHEN UND SCHILLER

START: ① Hauptbahnhof ZIEL: ① Hauptbahnhof	3½ Stunden
Strecke: 9 km	reine Fahr-/Gehzeit 1½ Stunden

KOSTEN: ca. 20 Euro für Eintrittsgelder und Kaffeepausen (ohne Mittagessen)
MITNEHMEN: Essen & Trinken für Picknick im Rosental

„Wem's zu wohl is', der geht nach Gohlis": Das alte Sprichwort gilt auch heute noch, denn Gohlis zählt zu Leipzigs schönsten Wohngegenden. Der Spaziergang vorbei an stilvollen Villen, dem Schillerhaus und dem Gohliser Schlösschen lässt sich gut mit einem Abstecher ins grüne Rosental verbinden.

10:00 **Mit der Straßenbahnlinie 12 geht es vom ① Hauptbahnhof Richtung Gohlis-Nord.** An der **② Haltestelle Fritz-Seger-Straße** beginnt der Spaziergang. **Biegen Sie links in die Menckestraße ein,** und werfen Sie einen Blick auf die ehemalige Hauptstraße des Dorfes Gohlis. Links liegt die **③ Gosenschenke „Ohne Bedenken"** → S. 63, ein Urgestein unter den Leipziger Gasthäusern mit typisch sächsischem Flair. Für eine Einkehr ist es aber noch etwas früh. Vom Reichtum der Gründerzeit erzählen die Häuser links und rechts vom Grünstreifen (früher Dorfanger), die 1890–1910 entstanden. Ein besonderes Prachtstück ist das **Haus Nr. 19** im Jugendstil, von Alfons Berger für eine wohlhabende Fabrikantentochter gebaut. Das **④ Gohliser Schlösschen** *(Führung So 11 Uhr | Menckestr. 23 | www.gohliser-schloss.de)* ist nur wenige Schritte entfernt. Der Kaufmann und Ratsherr Johann Caspar Richter baute sich 1756 den feudalen Landsitz.

11:30 **Zum Barockgarten kommt man über Schlösschen- und Poetenweg.** Stärken Sie sich in der **Orangerie** *(Mo–Sa ab 11, So ab 10 Uhr)* mit einem INSIDER TIPP Stück Baumkuchen aus der Konditorei, **bevor Sie über den Schlösschenweg einen Abstecher ins ⑤ Rosental machen.** Die große Wiese im Landschaftspark nutzen viele Leipziger gern für ein Picknick. Östlich grenzt das **⑥ Zooschaufenster** an. Ohne Eintritt zahlen zu müssen, haben

① Hauptbahnhof
② Haltestelle Fritz-Seger-Straße
③ Gosenschenke „Ohne Bedenken"
④ Gohliser Schlösschen
⑤ Rosental
⑥ Zooschaufenster

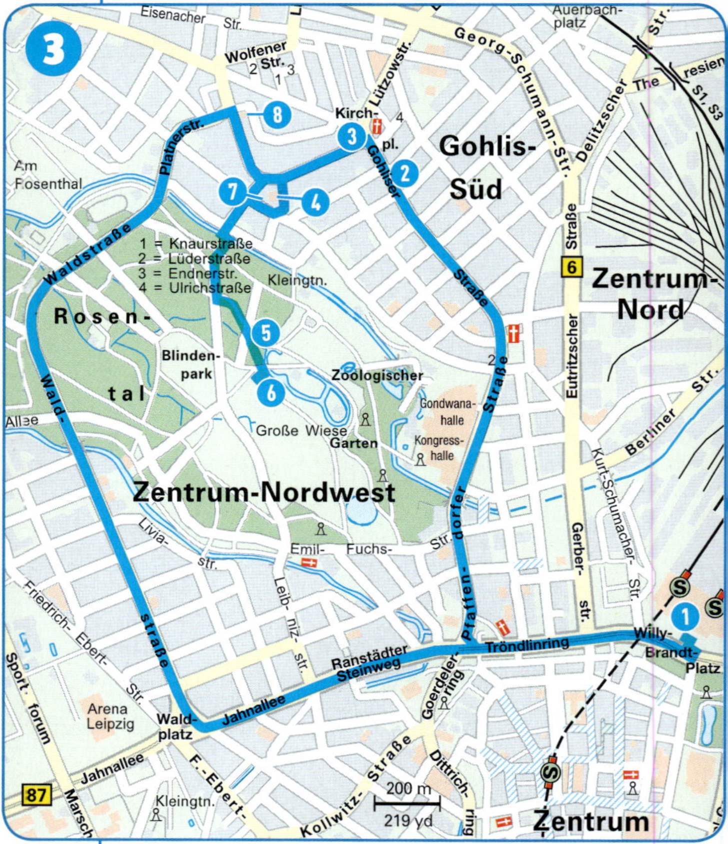

7 Villa Ida

8 Schillerhaus

Sie hier freie Sicht auf die Kiwara-Savanne, in der sich Zebras, Giraffen und Strauße tummeln. Werfen Sie auf dem Rückweg vom Rosental einen Blick auf die **7 Villa Ida** auf der linken Seite des Schlösschenwegs. In dem Mediencampus finden oft öffentliche Veranstaltungen statt. **Am Ende der Menckestraße** wartet noch ein kleines Juwel, das **8 Schillerhaus** *(April–Okt. Di–So 10–17, Nov.–März Mi–So 10–16 Uhr | Eintritt 3 Euro | Menckestr. 42)*. Dort verbrachte der Dichter den Sommer 1785 und schrieb nach Leipziger Lesart die „Ode an die Freude". Die Ausstellung entfaltet ihre Wirkung durch die Atmosphäre des Bauernhauses von 1717 – dem ältesten erhaltenen Haus in Gohlis –, in dem der Dichter eine Stube im Obergeschoss bewohnte.

Das Gohliser Schlösschen: feudaler Landsitz aus dem 18. Jh.

Werfen Sie nebenan bei **Steinbach Keramik** → S. 72 noch einen Blick auf die bezaubernden Arbeiten von Annemarie Steinbach, **bevor die Linie 4 Sie wieder zurück zum ① Hauptbahnhof bringt.**

① Hauptbahnhof

4 DURCH AUEN UND WÄLDER AN DIE COSTA COSPUDA

START: ① Thomaskirche
ZIEL: ① Thomaskirche

Strecke:
21 km

4 Stunden
reine Fahrzeit
1½ Stunden

KOSTEN: ca. 20 Euro für Fahrradmiete und Verpflegung
MITNEHMEN: Badezeug, Sonnenschutz

ACHTUNG: Fahrradverleih: *www.nextbike.de* (nicht im Winter), andere Verleihorte siehe „Praktische Hinweise", S. 109

Diese Tour bietet alles, was ein Radlerherz begehrt: Sie durchqueren schöne Gründerzeit-Quartiere, gepflegte Parklandschaften und einsame Strecken im urwüchsigen Auwald. Am Cospudener See entspannen Sie am feinen Sandstrand und nehmen ein kühles Bad. Zurück geht es durch den Wildpark.

① Thomaskirche

10:00 Vor der **① Thomaskirche** → S. 41 am Dittrichring können Sie Fahrräder bei **Next Bike** → S. 109 ausleihen. **Sie fahren am Martin-Luther-Ring entlang Richtung Süden, überqueren den Altstadtring, passieren das**

- ❷ Bundesverwaltungsgericht
- ❸ Bibliotheca Albertina
- ❹ Tribünengebäude
- ❺ Auwald
- ❻ Cospudener See

imposante ❷ Bundesverwaltungsgericht **→ S. 45** **und biegen gleich danach rechts in die Beethovenstraße ein.** Im eleganten Musikviertel sind in die einstigen Prachtvillen der Leipziger Verleger und Bankiers heute u. a. das Gästehaus der Universität und das US-Konsulat eingezogen. **Sie radeln an der imposanten ❸ Bibliotheca Albertina vorbei, biegen gleich danach rechts ab** und werfen einen Blick auf die **Hochschule für Musik und Theater** in der Grassistraße sowie auf die **Hochschule für Grafik und Buchkunst** linkerhand in der Wächterstraße. All diese Gebäude lohnen eine Stippvisite! **Am Kreisverkehr vor dem Clara-Zetkin-Park biegen Sie links in die Karl-Tauchnitz-Straße ein und folgen ihr bis zur Galopprennbahn Scheibenholz. Biegen Sie dort rechts ab, und fahren Sie den Rennbahnweg entlang, bis Sie auf das Elsterflutbett stoßen.** Am Ende der Straße steht das imposante, mittlerweile renovierte **❹ Tribünengebäude** von 1907.

Am linken Ufer des Elsterflutbetts radeln Sie Richtung Süden und wechseln bei der Brücke am Schleussiger Weg auf die andere Seite des Flüsschens Pleiße. Sie tauchen nun ein in den schattigen **❺ Auwald**, und es wird schlagartig still; sumpfiges, naturbelassenes Dickicht rahmt den Weg. Der Auwald zieht sich auf 25 km durch die Leipziger Tieflandbucht. Früher war er häufig überschwemmt, dann legte man Entwässerungsgräben und Dämme an, um das Naherholungsgebiet zu erschließen. Noch heute ist der Wald ein Naturreservat für seltene Pflanzen.

Folgen Sie nun den Schildern Richtung Brückenstraße. Zwischen den Flüsschen, die das Gebiet durchziehen, gibt es ohnehin kaum Abzweigungen. **Biegen Sie auf der Brückenstraße (Radweg) links ab. Nach einem kurzen Stück geht es am großen Parkplatz rechts ab. Folgen Sie der breiten Teerstraße Richtung See.** Nur noch ein paar hundert Meter, und Sie stehen am Nordufer des **❻ Cospudener Sees** **→ S. 55** auf feinem Sand. Vor Ihnen liegt einer von 15 Seen, die im Zuge eines gigantischen Landschaftsumbaus im

Naherholungsziel Nummer eins Cospudener See – Pier 1 am Zöbigker Hafen

Leipziger Süden entstehen. Nachdem auf dem Gebiet jahrzehntelang Braunkohle gefördert worden war, werden die Restlöcher jetzt geflutet und in Naherholungsgebiete umgewandelt. Nehmen Sie ein erfrischendes Bad und genehmigen Sie sich danach in der beliebten **Hacienda** → S. 77 einen Drink. Wenn Sie die Tour noch verlängern wollen, **fahren Sie links am See entlang,** bis Sie nach wenigen Kilometern auf den **Pier 1** am **Zöbigker Hafen** mit seinen vielfältigen Freizeitangeboten – von Bootsverleih bis zu Kaffee und Kuchen – stoßen.

13:00 **Zurück nach Leipzig radeln Sie vom Nordstrand aus über Ostuferweg, Waldseeweg und Lauer'sche Straße zunächst zum 7 Kees'schen Park. Am Parktor biegen Sie links in den Park ein, durchqueren ihn, bis Sie am prachtvollen Eingangstor auf der anderen Seite auf den Equipagenweg stoßen. Den radeln Sie entlang, über die Bahngleise und weiter auf dem Equipagenweg, bis Sie am Wolfwinkel wieder in den Auwald eintauchen. Es geht weiter geradeaus auf der Neuen Linie,** rechts tauchen bald die Tiergehege des **8 Wildparks** → S. 102 auf. Das INSIDER TIPP Wildschweingehege ist ein beliebter Treffpunkt; es macht Spaß, die Frischlinge und ihre Eltern beim wohligen Schlammbad zu beobachten. **Fahren Sie weiter geradeaus, an der Tennisanlage und dem Parkplatz am Ende der Richard-Lehmann-Straße vorbei, bis Sie auf die Pleiße treffen.** Ab dort ist die Route zurück zur **1 Thomaskirche** die gleiche wie auf der Hinfahrt, nur in umgekehrter Richtung natürlich.

7 Kees'scher Park

8 Wildpark

1 Thomaskirche

MIT KINDERN UNTERWEGS

BELANTIS (126 B4) (*🕮 O*)
Welt- und Zeitreise am Cospudener Sees: Griechenland, Mexiko, Grafendorf und Ritterburg warten mit Attraktionen auf. Wasserspielplatz und Wüstenrallye in Elektroautos begeistern schon die Kleinen. Steil: die 38 m hohe Pyramide mit Wildwasserbahn. *Parksaison April–Okt. meist Mi, Sa/So (während der Schulferien tgl.) 10–18 Uhr | Tageskarte 27,90, Familienkarte 25,90 Euro pro Person | www.belantis.de | A38, Abfahrt Leipzig Neue Harth/Belantis Park*

KANUPARK MARKKLEEBERG
(126 B–C4) (*🕮 F–H18*)
Abenteuer, Gischt und gute Laune: Das versprechen die Raftingtouren durch die Wildwasserkanäle im Kanupark am *Markkleeberger See* für Kinder ab 12 Jahre. Da die Anlage für den Leistungssport genutzt wird, ist ein Besuch nur nach Anmeldung möglich. *2 ½ Std. 38 Euro | Wildwasserkehre 1 | Tel. 034297 14 12 91 | www.kanupark-markkleeberg.com | B2 Abfahrt Markkleeberg*

PARKEISENBAHN AUENSEE
(116 A–B2) (*🕮 A6*)
Gemütlich zuckelt die Parkeisenbahn um den kleinen See im nördlichen Auenwald im Ortsteil Wahren. Attraktion ist die INSIDER TIPP Dampflok von 1925 im Liliputformat, die meist an Wochenenden auf die Schiene darf. *Parkeisenbahn April–Okt. Di–Sa 14–17.45, So 10–13 Uhr | Erw. 2,80, Kinder 1,50 Euro | Straßenbahnen 10, 11 Rathaus Wahren | Bus 80 Auensee*

PUPPENTHEATER STERNTALER
(122 C1) (*🕮 E10*)
Das „fahrende Volk" der Handpuppenspieler hat hier ein festes Zuhause gefunden. In dem kleinen Theater spielen das engagierte Hausensemble und Gäste viel mehr als nur Kasperletheater und Märchen. Auch Literaturadaptionen und Musiktheater gehören zum Repertoire. *Eintritt für Familienvorstellungen 5 Euro, abends 12 Euro | Talstr. 30 | Tel. 0341 9 61 54 35 | www.puppentheater-sterntaler.de | Straßenbahnen 2, 9, 16 Bayrischer Platz*

WILDPARK ● (124 C1) (*🕮 D15*)
Urwüchsig und natürlich wie der Auwald, in dessen Mitte er liegt, ist auch der Wildpark. Mitten in der Stadt leben hier auf 42 ha Wald rund 250 Tiere. An den Wochenenden ist der Wildpark ein beliebtes Ausflugsziel, denn er ist mit der Straßen-

Seen, Tiere, Sensationen: Leipzigs vielfältige Freizeitangebote lassen nur wenige Kinderwünsche offen

bahn erreichbar und bietet außer Luchsen, Elchen, Ottern und Wildschweinen auch zwei schöne Spielplätze, Kamel- und Ponyreiten sowie eine kleine Ausstellung. Zum Aufwärmen besuchen Sie das urige INSIDER TIPP russische Teehaus, das im Stil einer Blockhütte gebaut ist. *16. März–31. Okt. tgl. 9–19, im Winter 9–17 Uhr im Gehegebereich | Eintritt frei | Zugang über Koburger Straße | Straßenbahn 9 Wildpark*

ZOO LEIPZIG ★ (117 F4–5) *(🕮 D8)*
Haben Sie mal Elefanten beim Tauchen beobachtet? Das geht durch die Unterwasserscheibe im Elefantentempel des Leipziger Zoos. Mitten in der City erleben Sie ferne Kontinente: Im Tiergarten durchstreifen Sie Erlebniswelten wie die Kiwara-Savanne mit Zebras, Antilopen und Giraffen, die Menschenaffenanlage „Pongoland", Asien mit dem Elefantentempel, die Tigertaiga oder die Lippenbärenschlucht. Überall gibt es Klettergelegenheiten und Spielplätze für Kinder, dazu Wissenswertes zum Erfühlen und Erkennen. Für die ganz Kleinen ist ein Tierkindergarten als Streichelzoo eingerichtet. In der charmanten Anlage, die 1878 von Ernst Pinkert als Privatzoo eröffnet wurde, finden heute Tiere aus mehr als 850 Arten Platz. Seit 2011 lädt ● „Gondwanaland" in eine riesige überdachte Tropenhalle ein. In dem fiktiven tropischen Urkontinent Gondwana leben Exoten wie der Schabrackentapir und ein Komodowaran. In der Halle ist es schwül und warm; deponieren Sie Mäntel und Pullover deshalb in den Schließfächern gleich hinter dem Eingangsstollen. Entspannt erleben Sie die Tierwelt während einer INSIDER TIPP Bootsfahrt über den Urwaldfluss, während zu beiden Seiten die Entstehungsgeschichte der Welt im Zeitraffer an Ihnen vorbeizieht. *Nov.–März tgl. 9–17, April, Okt. 9–18, Mai–Sept. 9–19 Uhr | Erw. 18,50, Kinder 11 Euro (Nov.-März 16 bzw. 9 Euro) | Pfaffendorfer Str. 29 | www.zoo-leipzig.de | Straßenbahn 12 Zoo*

EVENTS, FESTE & MEHR

Im Frühjahr ist Lesezeit, im Sommer gibt es Open-Airs in vielen Varianten. Der Herbst setzt die Höhepunkte des Jahres.

FESTE & VERANSTALTUNGEN

JANUAR

Pferdeliebhaber treffen sich auf der ***Partner Pferd***, die Turniere im Springreiten, Voltigieren und Viererzugfahren auf Weltniveau ausrichtet.

FEBRUAR

Die Werke der Meisterschüler vieler berühmter Künstler sind auf dem ***Rundgang der HGB*** zu sehen.

MÄRZ

★ ***Leipziger Buchmesse*** auf dem Messegelände mit Festival „Leipzig liest" in der ganzen Stadt.

APRIL

Rund um das Alte Rathaus werden auf der ***Internationalen Ostereibörse*** fein bemalte Eier feilgeboten.

MAI

Richard Wagner wurde am 22. Mai 1813 in Leipzig geboren. Alljährlich geben ihm die Leipziger während der ***Richard-Wagner-Festtage Leipzig*** ein buntes Geburtstagsfest. *www.wagner-festtage.com*

Unter dem Motto ***Nachtaktiv*** schwärmen Besucher zur Museumsnacht aus. *www.museumsnacht-halle-leipzig.de*

Das ***A-Capella-Festival*** endet mit einem hochkarätigen Wettbewerb in der Vokalmusik. *www.a-capella-festival.de*

JUNI

Musikfreunde geben sich zum ***Bachfest*** ein Stelldichein. *www.bachleipzig.de*

Beim ***Stadtfest*** verwandelt sich die City in einen Boulevard der Attraktionen. *www.leipzigerstadtfest.de*

Zum ***Wave-Gotik-Treffen*** zu Pfingsten bevölkern skurrile Menschen in phantasievollen schwarzen Gewändern die Stadt. *www.wave-gotiktreffen.de*

JULI/AUGUST

Im Juli spielt das Gewandhausorchester unter dem Motto ***Klassik airleben*** im Rosental. Auf dem Marktplatz gibt's Anfang Aug. 10 Tage lang Konzerte beim ***Classic Open*** und auf den Gewässern wird Mitte Aug. beim ***Wasserfest*** geplanscht.

SEPTEMBER

Während der ***Mendelssohn-Festtage*** und der ***Schumann-Festwoche*** werden die

Messen, Musik, Filme, Bücher, Völkerschlacht und Weihnachtsmarkt – in Leipzig ist das ganze Jahr über was los

beiden großen Leipziger mit besonderen Konzertreihen geehrt.

Der ***Große Herbstrundgang*** lockt Kunstfreunde in die Baumwollspinnerei.

OKTOBER

Jedes Jahr am 9. Oktober erinnert Leipzig mit einem großen ***Lichtfest*** an die Montagsdemos von 1989.

Zur ***Lachmesse*** kommen alle, die in der Comedyszene Rang und Namen haben.

Die besten Dokumentar- und Animationsfilme des Jahres präsentieren sich zur ***DOK Leipzig*** im Wettbewerb.

Am Völkerschlachtdenkmal lassen Traditionsvereine in historischen Uniformen die ***Völkerschlacht 1813*** wieder aufleben.

Grassimesse und ***Designers' Open*** haben sich zu einem großen Wochenende für Kunsthandwerk und Design zusammengetan.

NOVEMBER

Die ***euro-scene*** holt als Festival zeitgenössischen europäischen (Tanz-)Theaters exzellente Aufführungen nach Leipzig. *www.euro-scene.de*

DEZEMBER

Auf Leipzigs ***Weihnachtsmarkt*** schallt Musik vom Alten Rathaus, die Buden bieten Schmuck und Leckereien feil.

Gans ganz anders: großes Weihnachtsprogramm des Krystallpalast-Varietés im Spiegelzelt (Burgplatz)

FEIERTAGE

1. Januar	Neujahr
März/April	Karfreitag; Ostermontag
1. Mai	Tag der Arbeit
Mai/Juni	Christi Himmelfahrt; Pfingstmontag
3. Okt.	Nationalfeiertag
31. Okt.	Reformationstag
Nov.	Buß- und Bettag
25./26. Dez.	Weihnachten

LINKS, BLOGS, APPS & CO.

LINKS & BLOGS

www.radfahren-in-leipzig.de Eine tolle Seite, um alles rund ums Radfahren in Leipzig zu erfahren: Verleih, Hotels mit Rädern, Routen, Selbsthilfewerkstätten, Bücher und Kultmarken

www.notenspur-leipzig.de Hier wird Leipzigs reiche Musiktradition in ihren vielfältigen Facetten beleuchtet. Auf drei digitalen Touren – Notenspur, Notenrad und Notenbogen – sind alle Orte mit ihrer Geschichte verzeichnet

www.leipzig-live.com Digitales Veranstaltungsmagazin der „Leipziger Volkszeitung". Tagesaktuell mit allen Veranstaltungen von Kinoprogrammen bis zu Parties, Tipps, Fotos

www.marcopolo.de/leipzig Alles auf einen Blick zu Ihrem Reiseziel: interaktive Karten inklusive Planungsfunktion, Impressionen aus der Community, aktuelle News und Angebote

www.gastro-le.de Übersichtliche, gut gemachte Seite mit Blogs über Leipzigs neue Food-Trends, inklusive Grillplätzen und Lieblingsrezepten

www.heldenstadt.de Klicken Sie sich mitten rein ins Leipziger Lebensgefühl: Die Website spiegelt aktuelle Ereignisse, gibt Ausgehtipps und weist mit der *Blogschau* den Weg durch den Dschungel der Webtagebücher. Frisch, subjektiv, klasse

www.leipzig-leben.de Das bunte Leben in Leipzig mit all seinen Facetten: Vom Hauskauf bis zur ultimativen Fitness für die Tiefenmuskulatur reichen die Bloggertipps

short.travel/lei4 Facebook-Community für Leipzig: Informationsaustausch von Brunch bis Stadtrundfahrt – und vor allem über Schnäppchen, Schnäppchen, Schnäppchen in der Messestadt

twitter.com/LeipzigerNews Über diese Themen streitet Leipzig, aber auch spezielle Angebote und Kulturevents sind gelistet

Egal, ob für Ihre Reisevorbereitung oder vor Ort: Diese Adressen bereichern Ihren Urlaub. Da manche sehr lang sind, führt Sie der short.travel-Code direkt auf die beschriebenen Websites. Falls bei der Eingabe der Codes eine Fehlermeldung erscheint, könnte das an Ihren Einstellungen zum anonymen Surfen liegen

www.travelpod.com/s/trips/leipzig Viele Reisecommunitys haben Leipzig noch nicht entdeckt, aber auf dieser Seite gibt es zahlreiche interessante und begeisterte Berichte über dieses Reiseziel

VIDEOS & MUSIK

short.travel/lei1 Unter dem Stichwort „Mit der Bimmelbahn durch Alt-Leipzig" sehen Sie wunderbare historische Aufnahmen aus dem Zentralen Bundesarchiv, auf denen die Karl-Liebknecht-Straße, der Augustusplatz, und der Hauptbahnhof im Jahr 1931 zu sehen sind

short.travel/lei2 Knackiger Imagefilm des Leipzig Tourist Service, der kurz und bündig alles zeigt, was in Leipzig sehenswert ist

short.travel/lei5 „Leipzig – Stadt voller Charme": informatives Stadtportrait mit den Schwerpunkten Stadtentwicklung und Kultur, das der Hessische Rundfunk (hr) 2015 in der Reihe „service: reisen" zeigte (25 Min.)

short.travel/lei3 Berühmte Aufnahmen der Montagsdemo am 9. Oktober 1989, die am Tag darauf in der West-Tagesschau gezeigt wurden. Siegbert Schefke und Aram Radomski filmten seinerzeit unter höchster Gefahr vom Turm der Reformierten Kirche und übergaben die Aufnahmen dem Spiegel-Reporter Ulrich Schwarz, der sie in den Westen schmuggelte

APPS

easy.GO - Leipzig Damit finden Sie schnell Ihren Weg durch den öffentlichen Nahverkehr mit Deutschlands längstem Schienennetz. Die App lädt LVB-Fahrplan, Abfahrtszeiten, Reiseinfos, Verbindungen und Tickets auf Ihr iPhone

3G App Leipzig Mit den guten Karten auf dieser iPhone-App finden Sie auch im Offline-Betrieb alle wichtigen Orte in der Stadt (Bankautomaten, Hotels, Restaurants usw.)

TravelBook Leipzig Android-App mit Wikipedia-Artikeln zu Sehenswürdigkeiten und Persönlichkeiten der Stadtgeschichte, mit Suchfunktionen und Wegbeschreibungen

PRAKTISCHE HINWEISE

ANREISE

Von Norden über die A 9, Abfahrt Leipzig-West oder am Schkeuditzer Kreuz auf die A 14 (Richtung Dresden) und an der Ausfahrt Leipzig-Mitte auf die B 2. Von Süden am Dreieck Rippachtal von der A 9 auf die A 38 wechseln, Richtung Leipzig/Lützen, Abfahrt Leipzig-Süd und über die B 2 der Ausschilderung in die City folgen.
Auf folgenden Portalen können Sie nach Mitfahrgelegenheiten schauen: *www.BlaBlaCar.de* | *www.BesserMitfahren.de* | *www.Fahrgemeinschaft.de* | *www.Drive2day.de* | *www.Mitfahrzentrale.de*

Zulauf haben die Fernbusse; ein Ticket ab Dresden gibt es ab 10, ein Ticket ab München schon ab 14 Euro. Haltestelle Goethestraße am Hauptbahnhof. Anbieter u. a.: *Meinfernbus (www.meinfernbus.de)*, *BerlinLinienBus (www.berlinlinienbus)*, *Eurolines (www.eurolines.de)*. Vergleichsportal Fernbusse: *www.fahrtenfuchs.de*.

Von Berlin benötigt der Zug nach Leipzig nur gut eine Stunde. In Leipzig erwartet Sie im Hauptbahnhof ein modernes Einkaufszentrum. Taxistände gibt es vor dem Ausgang der Osthalle. Hier halten auch die Straßenbahnen. Der Bahnhof liegt zentral mitten in der Innenstadt am Willy-Brandt-Platz.

Der Flughafen Leipzig/Halle am Schkeuditzer Kreuz ist über die A 9 und die A 14 bequem zu erreichen. Check-In im Zentralterminal; Ankunft und Abflug in Terminal B; hier finden Sie auch die *Flughafeninformation (Tel. 0341 2 24 11 55)*. Durch die langgestreckte Glasröhre des Zentralterminals mit Geschäften und Gastronomiebetrieben gelangen Sie zum Flughafenbahnhof. Mit dem *Flughafen-Express* der DB oder der S5 geht es in 15 Min. zum Leipziger Hauptbahnhof *(Ticket 4,20 Euro)*. Taxen stehen vor dem Terminal B zur Verfügung. Für die rund 30-minütige Fahrt zahlen Sie etwa 30 Euro. *www.leipzig-halle-airport.de*

GRÜN & FAIR REISEN

Auf Reisen können auch Sie viel bewirken. Behalten Sie nicht nur die CO_2-Bilanz für Hin- und Rückreise im Hinterkopf *(www.atmosfair.de; de.myclimate.org)* – etwa indem Sie Ihre Route umweltgerecht planen *(www.routerank.com)* – , sondern achten Sie auch Natur und Kultur im Reiseland *(www.gate-tourismus.de; www.ecotrans.de)*. Gerade als Tourist ist es wichtig, auf Aspekte wie Naturschutz *(www.nabu.de; www.wwf.de)*, regionale Produkte, wenig Autofahren, Wassersparen und vieles mehr zu achten. Wenn Sie mehr über ökologischen Tourismus erfahren wollen: europaweit *www.oete.de*; weltweit *www.germanwatch.org*

APOTHEKEN

CENTRAL-APOTHEKE (115 D3) *(9E)*
Grimmaische Str. 16 | Tel. 0341 4 62 31 90

PETERSBOGEN APOTHEKE
(114 C4) *(10E)*
Petersstr. 36–44 | Tel. 0341 35 52 03 33

Von Anreise bis Zeitungen

Urlaub von Anfang bis Ende: die wichtigsten Adressen und Informationen für Ihre Leipzig-Reise

AUSKUNFT

LEIPZIG TOURIST SERVICE
(114 C2) *(E9)*
Katharinenstr. 8 | 04109 Leipzig | Mo–Fr 9.30–18 (Nov.–Feb. 10–18), Sa 9.30–16, So bis 15 Uhr | Tel. 0341 7 10 42 60 und 0341 7 10 42 65 | www.leipzig.travel/

FAHRRADVERLEIH

FAHRRADSTATION ZWEIRAD ECKHARDT (115 D1) *(E9)*
Verleih und Reparatur. *Kurt-Schumacher-Str. 4 | Hauptbahnhof (Parkhaus West) | Tel. 0341 9 61 72 74*

NEXT BIKE
Die Ausleihe der Stadträder funktioniert unkompliziert per Handy: Sie melden sich auf *www.nextbike.de* an. Dann suchen Sie sich ein Fahrrad aus – u. a. an den Standorten Augustusplatz (115 D3) *(E9)*, Hauptbahnhof Ost- und Westeingang (115 D–E1) *(E9)* oder Thomaskirchhof (114 C3) *(D9–10)* und rufen die Hotline an: *Tel. 030 69 20 50 46*. Dann bekommen Sie eine Code-Nummer für das Zahlenschloss genannt. Die geben Sie ein, und schon können Sie losradeln; die Gebühr *(ab 2 Euro/Std.)* wird per Kreditkarte abgebucht. Die Rückgabe erfolgt wieder per Handy über die Hotline an einem beliebigen Nextbike-Standort.

FUNDBÜROS

FUNDBÜRO LEIPZIG
(123 D2–3) *(G11)*
Tel. 0341 1 23 84 00 | Prager Str. 130 | Di 9–12 und 13–18 Uhr

FUNDSTELLE HAUPTBAHNHOF
(115 D1) *(E9)*
Querbahnsteig (nahe Gleis 3) | Tel. 0341 9 68 32 55 | Willy-Brandt-Platz 7 | tgl. 6.15–21.30 Uhr

KARTENVORVERKAUF

– Leipzig Ticket Service (Leipzig-Information | Katharinenstr. 8 | Tel. 0341 7 10 42 60)
– Ticketgalerie (Barthels Hof | Hainstr. 1 | Tel. 0341 14 14 14 | www.ticketgalerie.de)
– Leipziger Volkszeitung (Peterssteinweg 14 | Tel. 0341 9 80 00 98 (*) | www.lvz-ticket.de)

LEIPZIG CARD

Freie Fahrt mit Bus und Bahn und Preisvorteile von bis zu 50 Prozent in Museen, Theatern oder bei Stadtrundfahrten bietet die *Leipzig Card*. Es gibt sie als 3-Tageskarte *(19,90 Euro)* oder als 3-Tages-Gruppenkarte für 39,90 Euro in Hotels und beim *Leipzig Tourist Service (Katharinenstr. 8)*.

NOTFÄLLE

– Notaufnahme Universitätsklinik (115 E–F6) *(E–F11) | Paul-List-Str. 27 | Tel. 0341 9 71 78 00*
– Notruf Bereitschaftsdienst Ärzte und Zahnärzte | Tel. 0341 1 92 92

ÖFFENTLICHE VERKEHRSMITTEL

Die Leipziger Verkehrsbetriebe betreiben die Busse und Straßenbahnen. Einzelfahrten (eine Stunde) 2,40 Euro, Tageskarte 6,50 Euro. Fahrpläne: *www.lvb.de*

NIGHTLINER
Ab Hauptbahnhof tgl. 1.11, 2.22, 3.33 Uhr | 10 Linien in alle Richtungen | Einzelfahrschein 2,40 Euro

S-BAHN
Für die S-Bahnen gilt der MDV-Tarif. D. h., Sie fahren im Stadtgebiet (Zone 110) mit dem gleichen Tarif wie für Straßenbahnen und Busse (s. o.). Im City-Tunnel mit den Stationen Leipzig Hbf, Leipzig Markt, W.-Leuschner-Platz und Bayerischer Bhf brauchen Sie nur ein Kurzstreckenticket.

PARKEN IN DER CITY

– *Tiefgarage Augustusplatz:* 1250 Stellplätze, hell, übersichtlich, zwischen Oper und Gewandhaus. Konzertrabatt: vor Vorstellungsbeginn am Automaten im Foyer den Parkschein entwerten.
– *Hauptbahnhof-Promenaden Parkhaus Ost und West:* 1300 Pl.
– *Tiefgaragen Löhrs Carré:* (zwei Zufahrten) 596 Plätze, Löhrstraße
– *Marktgalerie:* 462 Pl., über Thomasgasse
– *Parkhaus Martin-Luther-Ring:* 400 Pl., über Otto-Schill-Straße
– *Tiefgarage Burgplatz/Petersbogen:* 554 Pl., über Martin-Luther-Ring, Lotterstr.
– Für gebührenfreie Parkplätze in Leipzig und Umgebung siehe *www.gratisparken.de/sachsen/leipzig/*

POST

FILIALE AM BRÜHL (114 C2) (*🕮 D9*)
Postbank, Paketannahme, Briefmarken etc. *Brühl 8 | Mo–Fr 8–20, Sa 9–15 Uhr*

SPORT

GOLF
– *Golf Club Markkleeberg* (124 B5–6) (*🕮 C18*) (*Mühlweg 1 | Tel. 0341*

WETTER IN LEIPZIG

	Jan.	Feb.	März	April	Mai	Juni	Juli	Aug.	Sept.	Okt.	Nov.	Dez.
Tagestemperaturen in °C	2	4	8	13	19	22	24	23	19	13	7	3
Nachttemperaturen in °C	-3	-2	1	4	8	12	13	13	10	6	1	-1
☀	2	3	4	6	7	7	6	6	6	4	2	1
☂	10	8	9	9	9	9	10	10	8	8	8	10

 ☀ Sonnenschein Stunden/Tag ☂ Niederschlag Tage/Monat

3 58 26 86 | www.golfclub-markkleeberg.de): 9-Loch-Platz am Cospudener See
– *Golfpark Seehausen* (126 C2) *(🗺 F–G1) (Bergweg 10 | Tel. 0341 5 21 74 42 | www.golfpark-seehausen.de)*, 18-Loch-Platz nahe der Messe

QIGONG

● Qigong im Park und andere fernöstliche Konzentrations- und Kampfsportarten veranstaltet und unterrichtet das *Wujian-Zentrum* (122 B5) *(🗺 E14) (Ecksteinstr. 30 | Handy 0176 56 70 49 44 | www.wujian-leipzig.de)*.

SCHWIMMEN

– ● *Sachsen-Therme* (126 C3) *(🗺 O) (tgl. 10–23 Uhr | ab 17 Euro | Schongauer Str. 19 | Paunsdorf | Tel. 0341 2 59 99 20 | Straßenb. 7, 8, 18 Sommerfeld)*: drei Becken und Whirlpools mit Spaßelementen wie Wildwasserkreisel und Wasserorgel. Spa auf 18 000 m^2.
– *Schreberbad* (123 E1) *(🗺 C10) (Eintritt 3,50 Euro | Schreberstr. 15 | Zugang über Käthe-Kollwitz-Str. | Tel. 0341 23 49 33 80 | Straßenbahnen 1, 2, 14 Westplatz)*: zentral gelegenes Familienfreibad mit 25-m-Becken, Rutsche, Kinderbecken

STADTFÜHRUNGEN & EXKURSIONEN

– *Leipzig Details (Haus der Demokratie | Bernh.-Göring-Str. 152 | Tel. 0341 3 03 91 12 | www.leipzigdetails.de)*: Stadtführungen zu Fuß, per Rad, zu Wasser
– *Leipzig Erleben GmbH (Tourist-Service | Katharinenstr. 8 | Tel. 0341 7 10 42 30)*: Stadtrundfahrten, Spaziergänge, thematische Rundgänge, Radtouren
– *Mai-Regiotour (Leipziger Str. 40 | Böhlen | Tel. 0341 8 60 59 01 | www.rundum-leipzig.de)*: veranstaltet INSIDER TIPP „Südraumtouren" vom Bergbau bis zur Seenplatte südlich von Leipzig
– *Treffpunkt Leipzig (Gustav-Adolf-Str. 17 | Tel. 0341 1 49 78 79 | www.treffpunkt-leipzig.com)*: thematische Rundgänge, auch Rundfahrten im Oldtimer

WAS KOSTET WIE VIEL?

Kaffee	1,50–3,50 Euro *für eine Tasse im Café*
Eis	1–2 Euro *für eine Kugel*
Fußball	10–30 Euro *Heimspiel von RB Leipzig, Red-Bull-Arena*
Bratwurst	2–2,50 Euro *vom mobilen Stand*
Kabarett	12–28 Euro *für eine Karte*
Museen	2–10 Euro *für eine Eintrittskarte*

TAXI

– *Älteste Leipziger Funktaxenzentrale | Tel. 0341 48 84*
– *Löwen-Taxi | Tel. 0341 98 22 22*
– *Limousinendienst Sunset Limousines | Stretchlimos, Oldtimer | Std. ab 110 Euro | Tel. 0341 42 47 01 | www.sl-vip.de*

ZEITUNGEN

Die „Leipziger Volkszeitung" *(www.lvz-online.de)*, „Bild" *(www.bild.de)* und die Internetzeitung „l-iz" *(www.l-iz.de)* informieren täglich über die Ereignisse in der Stadt. Das Stadtmagazin „Kreuzer" *(www.kreuzer-leipzig.de)* bietet monatlich einen Veranstaltungskalender und ein Verzeichnis der einschlägigen Adressen. Die kostenlosen Stadtmagazine „Blitz" und „Urbanite" *(www.urbanite.net)* liegen in Kneipen und an Veranstaltungsorten aus.

CITYATLAS

Verlauf der Erlebnistour „Perfekt im Überblick“
Verlauf der Erlebnistouren

Der Gesamtverlauf aller Touren ist auch in der herausnehmbaren Faltkarte eingetragen

 Bild: Neues Rathaus

Unterwegs in Leipzig

Die Seiteneinteilung für den Cityatlas finden Sie auf dem hinteren Umschlag dieses Reiseführers

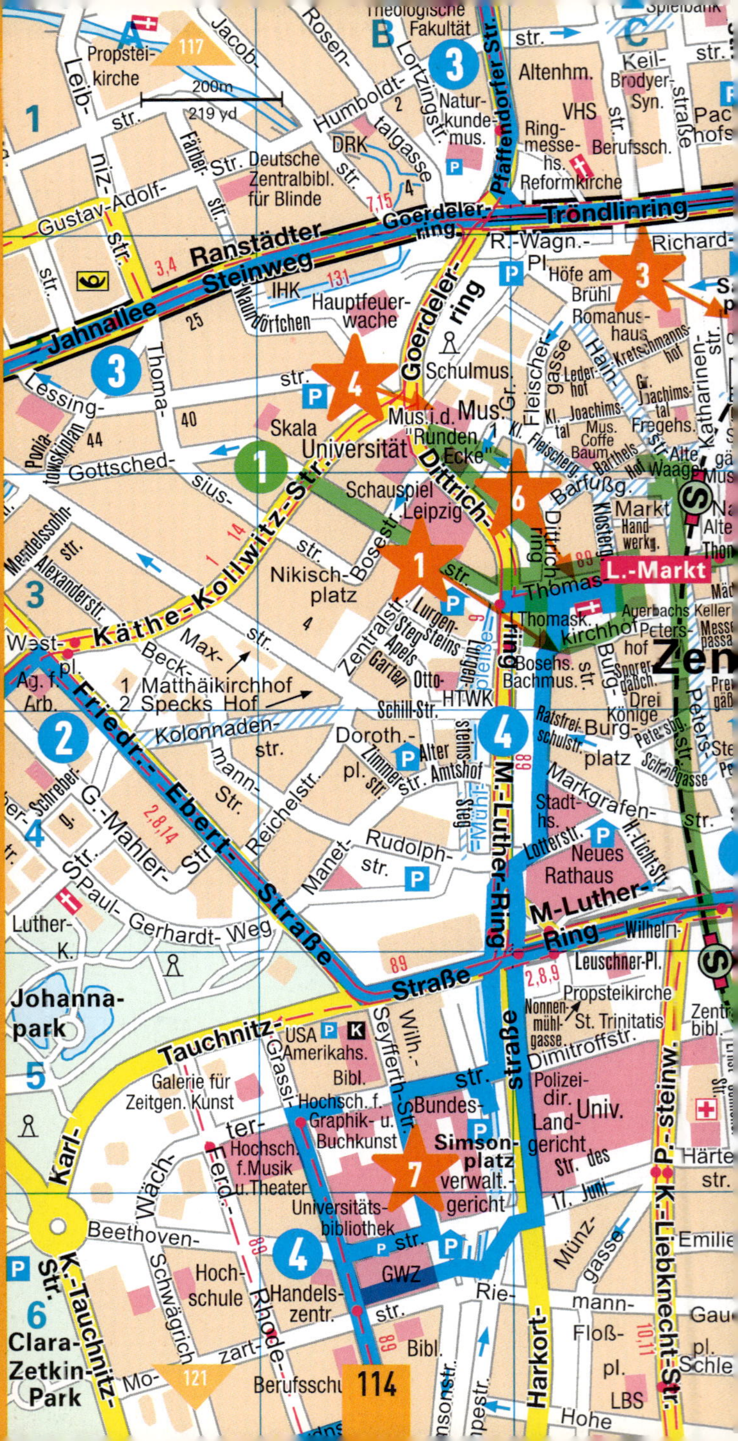

Propsteikirche
117
200m
219 yd
Theologische Fakultät
Naturkundemus.
Altenhm.
VHS
Keil-
Brodyer-Syn.
Berufssch.
Ringmessehs.
Reformkirche
Deutsche Zentralbibl. für Blinde
DRK
Gustav-Adolf-Str.
Goerdelerring
Tröndlinring
Ranstädter Steinweg
Jahnallee
IHK
Hauptfeuerwache
Naundörfchen
R.-Wagn.-Pl.
Höfe am Brühl
Romanushaus
Richard-
Schulmus.
Lessing-
Thoma-
Skala
Universität
Mus. i.d. „Runden Ecke"
Gottsched-
Schauspiel Leipzig
Dittrich-ring
Barfußg.
Markt
Alte Waage
Kl. Joachimstal
Gr. Joachimstal
Fregehs.
Coffe Baum
Nikischplatz
Käthe-Kollwitz-Str.
Mendelssohn-str.
Alexanderstr.
Thomaskirchhof
Thomas-
L.-Markt
Auerbachs Keller
Petershof
West-pl.
Beck-
Max-str.
1 Matthäikirchhof
2 Specks Hof
Ag. f. Arb.
Friedr.-Ebert-Straße
Kolonnaden-str.
Otto-Schill-Str.
HTWK
Bosehs. Bachmus.
Burgplatz
Drei Könige
Ratsfreischulstr.
Dorotheenpl.
Zimmerstr.
Amtshof
M.-Luther-Ring
Markgrafen-str.
Stadths.
Neues Rathaus
Lotterstr.
Schreber-g.
G.-Mahler-Str.
Reichelstr.
Rudolph-str.
Manet-
Paul-Gerhardt-Weg
Luther-K.
Johannapark
Tauchnitz-Straße
USA Amerikahs. Bibl.
Wilh.-Seyfferth-Str.
Leuschner-Pl.
Propsteikirche
St. Trinitatis
Nonnenmühlgasse
Dimitroffstr.
Zentr.bibl.
Galerie für Zeitgen. Kunst
Hochsch. f. Graphik- u. Buchkunst
Bundesverwalt.-gericht
Simsonplatz
Polizeidir.
Landgericht
Univ.
Karl-Tauchnitz-Str.
Hochsch. f. Musik u. Theater
Ferd.-Rhode-Str.
Universitätsbibliothek
Beethoven-str.
Schwägrichen-
Hochschule
Handelszentr.
GWZ
Harkort-straße
Münzgasse
Str. des 17. Juni
K.-Liebknecht-Str.
P.-steinw.
Emilie
Floßpl.
LBS
Clara-Zetkin-Park
121
Berufsschu
Hohe
Bibl.

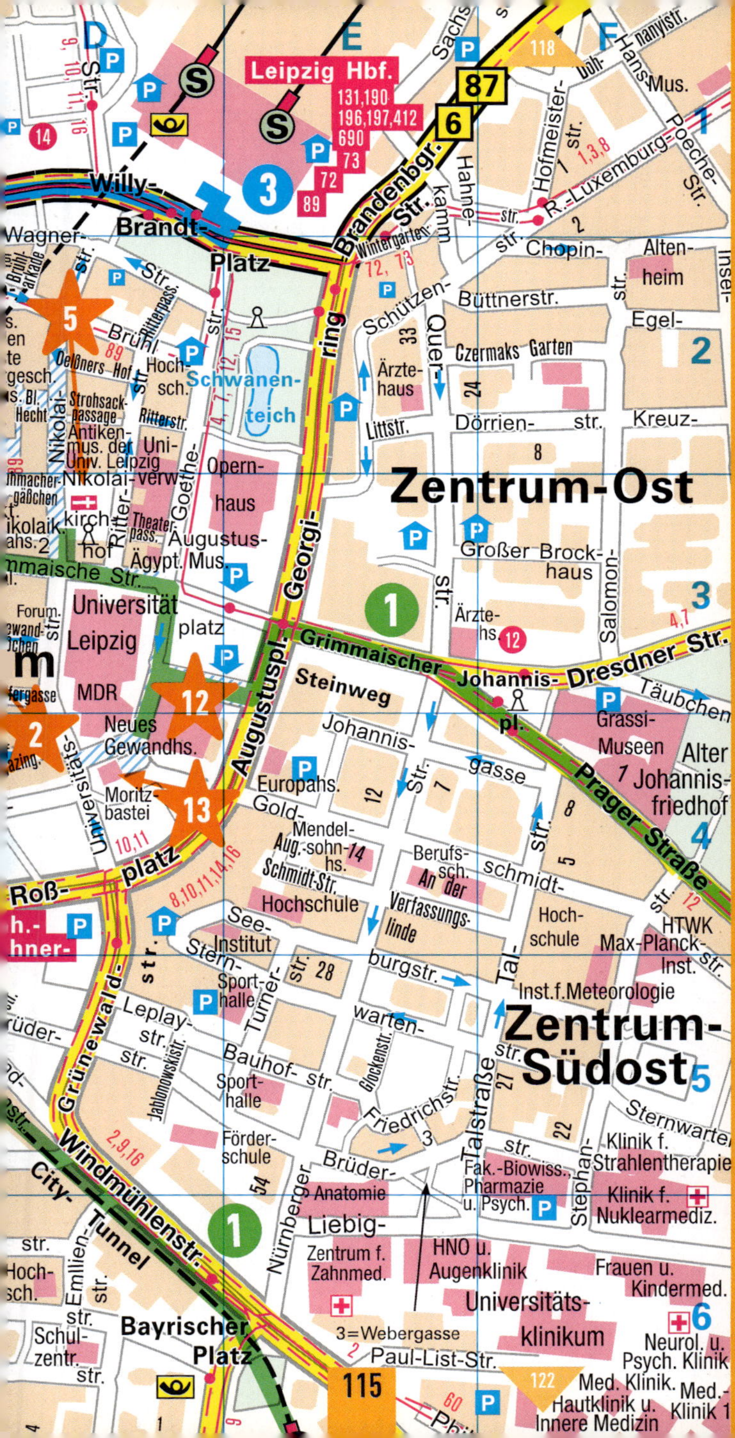
Leipzig Hbf.
131,190
196,197,412
690
73
72
89
87
6
118
Willy-
Brandt-
Platz
Wagner-
str.
Brühl
Ritterpass.
Hochsch.
Schwanenteich
Oelßners Hof
Strohsack-passage
Ritterstr.
Antikenmus. der Univ. Leipzig
Uni-verw.
Nikolai-
Goethe-
str.
Opern-
haus
Ritter-
Theaterpass.
Augustus-
Ägypt. Mus.
Nikolaikirchhof
Grimmaische Str.
Forum
Universität
Leipzig
MDR
platz
Neues
Gewandhs.
Moritz-
bastei
Universitäts-
Augustuspl.
Georgi-
ring
Brandenbgr.
Str.
Wintergarten-
72, 73
Schützen-
Hahne-
kamm
Quer-
Ärzte-
haus
Littstr.
Dörrien-
str.
Czermaks Garten
Büttnerstr.
Chopin-
Alten-
heim
Egel-
Kreuz-
Hofmeister-
str.
R.-Luxemburg-
str.
Poeche-
Str.
Mus.
Inselstr.
Zentrum-Ost
Großer Brock-
haus
Salomon-
str.
Ärzte-
hs.
Grimmaischer
Steinweg
Johannis-
pl.
Dresdner Str.
Täubchen
Grassi-
Museen
Alter
Johannis-
friedhof
Prager Straße
Johannis-
gasse
Europahs.
Gold-
Mendel-
sohn-
hs.
Aug.-Schmidt-Str.
Hochschule
Berufs-
sch.
An der
Verfassungs-
linde
schmidt-
Hoch-
schule
HTWK
Max-Planck-
Inst.
Tal-
str.
Inst.f.Meteorologie
Roß-
platz
8,10,11,14,16
10,11
See-
Institut
Stern-
Sport-
halle
Turner-
str.
burgstr.
warten-
Leplay-
str.
Grüne-wald-
Jablonowskistr.
Bauhof-
str.
Sport-
halle
Glockenstr.
Friedrichstr.
Talstraße
Zentrum-
Südost
Sternwarten
Klinik f.
Strahlentherapie
Stephan-
Fak.-Biowiss.,
Pharmazie
u. Psych.
Klinik f.
Nuklearmediz.
Förder-
schule
2,9,16
Brüder-
Anatomie
Liebig-
Nürnberger
Windmühlenstr.
City-Tunnel
Emilien-
str.
Hoch-
sch.
Zentrum f.
Zahnmed.
HNO u.
Augenklinik
Universitäts-
klinikum
Frauen u.
Kindermed.
Neurol. u.
Psych. Klinik
3=Webergasse
Bayrischer
Platz
Schul-
zentr.
Paul-List-Str.
Med. Klinik
Hautklinik u.
Innere Medizin
Med.-
Klinik 1
122

Wahren
Sternsiedl. Kleingärten Nord
Auensee
Boots-verleih
Freizeitzentrum
Parkeisenbahn (381mm)
Luppe
Der Möckernsche Winkel
Leutzsch-Wahrner-Brücke
Leutzscher Holz
Wilder Mann
Das Hasenholz
Alfred-Kunze-Sportpark
Gustav-Esche-Straße
Am Ritterschlößchen
Nahlesteg
Nahle
Kleine
Kleingärten Leutzscher Aue
Leutzsch
Die Gottge
Schützenhof
Schießsportanlage
Driesch-Straße
Leutzscher Brücke
Prießnitzbad
Motodrom
Altlindenau
Kleingtn. Lindenau "Friesegärten"
Rückmarsdorfer Straße
G.-Schwarz-Straße
Georg-Schwarz-Straße
Merseburger Straße
Diakonissen-Krankenhs.
Bürgeramt
Friedhof
Sportplatz
ehem.Kippe
Schumann-Straße
Linkelstraße
Rittergutsstraße
Heuweg
Reitweg
Radweg
Marienweg
1 = Ölhafenstraße
2 = Wartenburgstraße
3 = Schillerplatz
4 = Auenseestraße
5 = Claußbruchstraße
6 = Opferweg
7 = Pater-Aurelius-Platz
8 = Am Zuckmantel
9 = Lucknerstraße
10 = Am Pfefferbrückchen
11 = Schubertstraße
12 = Thärigenstraße
13 = J.-Müller-Straße
14 = Kernstraße
1 = Baumgarten-Crusius-Str.
2 = Diakonissenstraße
3 = Hauschildstraße
400m
438 yd
120

D
E
F
Max-Liebermann-Straße
Gohlis-Mitte
Möckern
9 = Papitzer Straße
Landsberger Straße
L.-Olbrichtstr.
Tresckowstr.
Landesversicherungsanstalt
Agentur für Arbeit
L.-Coppipl.
Coppiplatz
L.-Möckern
Georg-Schumann-Straße
Kirschbergstr.
Lindenthaler Str.
Möckernsche Str.
Lützowstr.
Kleingtn. Neuer Weg
Westgohliser Gartenkolonie
Aussichtsturm
Am Rosenthal
Elstermühlgraben
Rosental
Waldstraße
1 = Knaurstraße
2 = Lüderstraße
3 = Endnerstr.
4 = Ulrichstraße
Gohliser Schlößchen
Gohlis-Süd
Gohliser Straße
Blindenpark
Zoologischer Garten
Große Wiese
Kongresshalle
Gondwanahalle
Zooeingang
Niederholz
Sportmuseum
Leutzscher Allee
Am Sportforum
Robert-Koch-Platz
Eissportstadion
Sportforum
Red Bull Arena
Glockenturm
Festwiese
Elsterbecken
Zentrum-Nordwest
Louise-Otto-Peters-Platz
Friedrich-Ebert-Str.
Gustav-Adolf-Str.
Jahnallee
Waldplatz
Arena Leipzig
Ranstädter Steinweg
Goerdelerring
Dittrichring
Kleinmessegelände
Zeppelinbrücke
Deutsche Hochschule
Deutsches Kleingärtnermuseum
Universität
Marschnerstr.
121

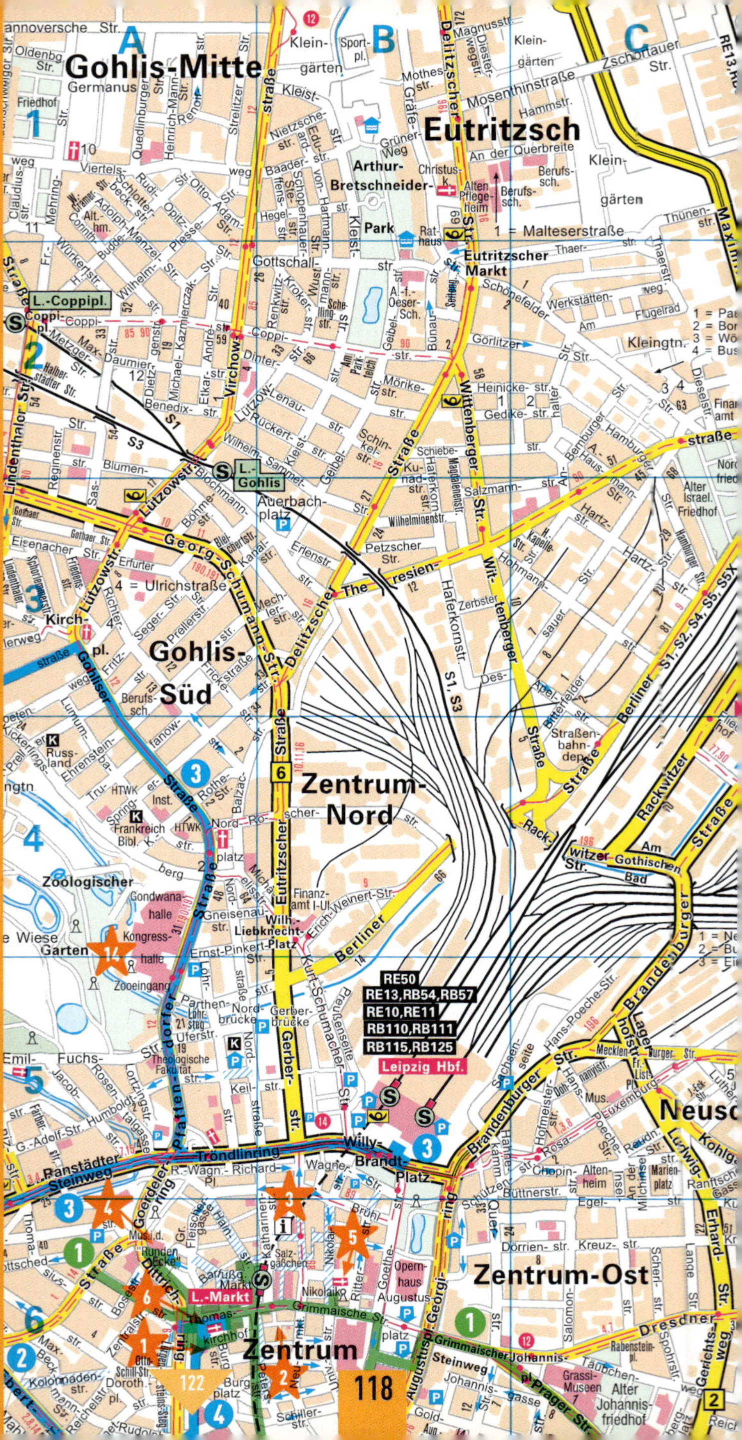
A
B
C
1
2
3
4
5
6
Gohlis-Mitte
Eutritzsch
Gohlis-Süd
Zentrum-Nord
Zentrum-Ost
Zentrum
Arthur-Bretschneider-Park
Eutritzscher Markt
1 = Malteserstraße
4 = Ulrichstraße
L.-Coppipl.
L.-Gohlis
Auerbachplatz
Delitzscher Straße
Wittenberger Str.
Georg-Schumann-Str.
Lützowstr.
Theresienstr.
Berliner Straße
Eutritzscher Straße
Gohliser Straße
Pfaffendorfer Straße
Tröndlinring
Goerdelerring
Dittrichring
Georgiring
Brandenburger Str.
Rackwitzer Straße
Zoologischer Garten
Kongresshalle
Gondwanahalle
Zooeingang
Friedhof
Alter Israel. Friedhof
Wilh.-Liebknecht-Platz
Ernst-Pinkert-Platz
Finanzamt I-III
Theologische Fakultät
Straßenbahndepot
Gothischen Bad
RE50
RE13,RB54,RB57
RE10,RE11
RB110,RB111
RB115,RB125
Leipzig Hbf.
Willy-Brandt-Platz
L.-Markt
Markt
Augustusplatz
Opernhaus
Grassi-Museen
Alter Johannisfriedhof
Grimmaische Str.
Thomaskirchhof
Neusc
122

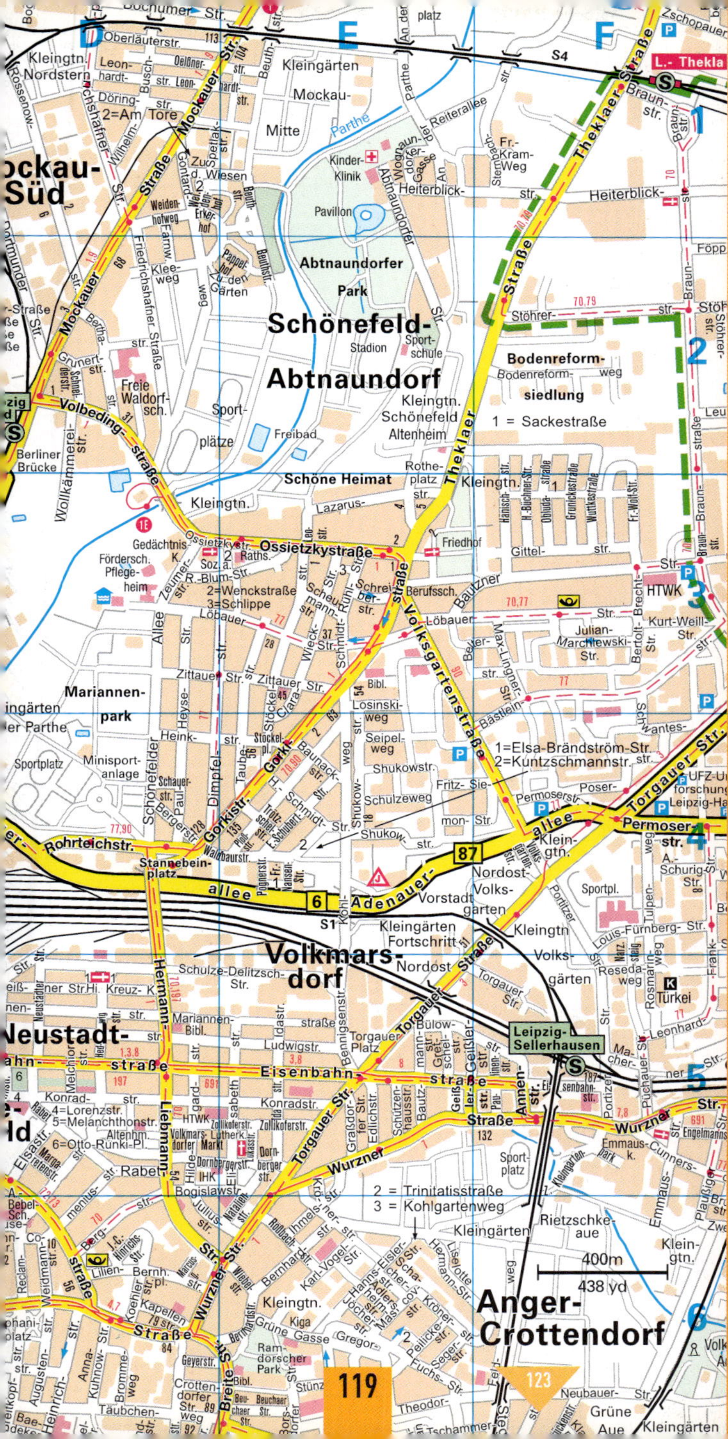
D
E
F
1
2
3
4
5
6
Mockau-Süd
Schönefeld-Abtnaundorf
Volkmarsdorf
Neustadt-
Anger-Crottendorf
Mockau-Mitte
Abtnaundorfer Park
Bodenreform-siedlung
Mariannenpark
Schöne Heimat
Kleingärten
Kinder-Klinik
Pavillon
Stadion
Sportschule
Freiebad
Sportplätze
Freie Waldorf-sch.
Berliner Brücke
Gedächtnis-K.
Fördersch. Pflegeheim
Friedhof
Berufssch.
HTWK
Minisportanlage
Sportplatz
Stannebeinplatz
Vorstadt
Nordost-Volksgarten
Volksgärten
Türkei
Leipzig-Sellerhausen
L.- Thekla
Rietzschkeaue
Ramdorscher Park
Emmaus-k.
Sportpl.
UFZ-Umweltforschung Leipzig-Halle
Mockauer Straße
Theklaer Straße
Volbedingstraße
Ossietzkystraße
Volksgartenstraße
Torgauer Straße
Adenauerallee
Permoserstr.
Rohrteichstr.
Eisenbahnstraße
Wurzner Straße
Hermann-Liebmann-Str.
Gorkistr.
Dimpfelstr.
Löbauer Str.
Zittauer Str.
Bautzner Str.
Heiterblick-Str.
Stöhrer Str.
Braunstr.
Reiterallee
Parthe
S4
S1
6
87
2=Am Tore
1 = Sackestraße
2=Wenckstraße
3=Schlippe
1=Elsa-Brändström-Str.
2=Kuntzschmannstr.
4=Lorenzstr.
5=Melanchthonstr.
6=Otto-Runki-Pl.
2 = Trinitatisstraße
3 = Kohlgartenweg
400m
438 yd
119
123

A
B
C
116
1
2
3
4
5
6
Klein-gtn.
3 = Hauschildstraße
1 = Jadassohnstr.
Merseburger
87
Lützner
Lindenauer Markt
Margaretenweg
Saalfelder
Mansfelder Weg
Duncker-Str.
Kleingtn.
Leipzig-Lindenau
Berufsschule
Lindenau
Sozialamt
Altenpflegeheim
Neulindenau
Lützner Straße
Plautstraße
Gießerbrücke
Philippus-K.
Aurelienbrücke
König-Albert-Brücke
Bus-bf.
Saalfelder Brücke
König-August-Brücke
Karl-Heine-Str.
Weißenfelser Brücke
König-Johann-Br.
Groitzscher
Industrie-
Am Kanal
Spinnereistr.
Thüringer Str.
Leipzig-Plagwitz
Naumburger Str.
Plagwitz
Markranstädter
Saarländer
Weg
Pötzschker
Brünner
Friedhof
Kap.
1 = Röckener Straße
Limburger straße
Siemensstr.
Zschochersche Straße
Kleingtn.
Radweg
Antonienstraße
Antonienstraße
Kleingtn.
Blockhaus
Sommerheim
Kleingtn.
Landfrieden
Schönauer Weg
Kleingärten Neu Brasilien
Diezmannstr.
Gärtnerstr.
Rumjanzew-str.
Ratzelstraße
Schönauer Straße
Altranstädter weg
Stadion der Freundschaft
Kleinzsc
Kantatenstr.
Windorfer Str.
Dieskaustr.
Tabor-K.
Martinspl.
Kapelle
Friedhof
Kleingtn Plagwitz
Pörstener Str.
Leipziger Radrennbahn
Sp.-pl.
Goldrutenweg
Berufsschule
Fachhochsch.
Kressestr.
Kleingärten Naturheilkunde
Kleingtn. Abendsonne
Grauwackeweg
Vergißmeinnicht
Einigke
10 = Albert-Vollsack-S
9 = Wöllnerstraße
Kleingärten
Kleingärten Am Weiden weg
Groß-zschocher
EB22
EBx12
Bismarckstr.
Eichelbaumstr.
Kunzestr.
Brauereistr.
Falkenstein
Siedl.Er
Karl-Heft-Str.
Anton-
Zickmantel
Förder sch.
Rippachtal-
Gerhard-Ellrodt-Straße
Weidenweg
Blanchardweg
Huttenstr.
120

Zentrum-West
Palmengarten
Elsterbecken
Universität
HTWK
Tennis-pl.
Elsterwehr
Heiligenbr.
Peter-steg
Klinger-br.
Neuapl. Kirche
Altenheim
Pädag. Hochschule
Hoch-sch.
Karl-Heine-Straße
Käthe-Kollwitz-Str.
Marschnerstraße
Ferdinand-Lassalle-Str.
Johannapark
Edvard-Grieg-Allee
Karl-Tauchnitz-Str.
Galerie für Zeitgen. Kunst
Universitätsbibliothek
Bundes-verwalt.-gericht
Beethoven-str.
Fr.-Schubert-Pl.
Strauß-Pl.
Brahms-pl.
Clara-Zetkin-Park
Zentr.-Süd
Robert-Schumann-Str.
Telemann-str.
Harkortstraße
Wundtstraße
Sachsenbrücke
Anton-Bruckner-Allee
Plagwitzer Br.
Klingerweg
Weiße Elster
Mus. f. Druckkunst
Könneritzbrücke
Rathaus
Nonnenstr.
Keth-ke Nonnen-brücke
Max-Reger-Allee
W.-Wundt-Pl.
Dahlienterrasse
Rennbahnweg
1 = Scheibenholzweg
Galopprennbahn Scheibenholz (Pferderennbahn)
Zentrum für Gesundheitssport
Start Touristiklehrpfad
Kettensteg
Rennbahnsteg
Die Nonne
Sportpl.-Nonnenwiese
Nonnenweg
Könneritzstr.
8=Huberstraße
Schleußig
Bethanienkirche
Südvorstadt
Alfred-Kästner-Str.
Tieckstr.
Hochsch.
Kurt-Eisner-Str.
Dürrpl.
Beipertbr.
Paußnitzbr.
Bot. Lehrgarten
Bethlehem K.
Schleußiger Weg
Botanikschule
Rodelstr.
Schleußiger Brücke
Der Beipert
Fockeberg
Pflegeheim
Richard-Lehmann-Str.
Kleingärten
NSG
Die Linie
Pleiße
Das Streitholz
Neue Linie
Wundtstr.
Elsterflutbett
Tennis-pl.
Schwarze Brücke
Sportpl.
Wald-sportpl.
Kleingtn. Elstergrund
Leipziger Ratsholz
Hakenbrücke
Das Mühlholz
Weiße Brücke
Paußnitz
Am Teilungswehr
400 m
438 yd
117
124

A
B
C
118
125
Zentrum-Südost
Südvorstadt
Connewitz
Fockeberg
L.-Wilh.-Leuschner-Pl.
L.-Bayerischer Bf.
L.-Connewitz
Leipzig MDR
Bayrischer Platz
Roßplatz
Augustusplatz
Neues Gewandhaus
Grassi-Museen
Alter Johannisfriedhof
Universitätsklinikum
Universitätsbibliothek
Bundesverwaltungsgericht
Galerie für zeitgen. Kunst
Propsteikirche St. Trinitatis
Haus des Buches
Inst.f.Meteorologie
Medizinische Fak.
Botan. Institut
Bot. Garten
Phys. u. Geowiss. Inst.
Chem. Inst.
Großmarkthalle
Tierkliniken
Kleingärten
Panometer
Kulturfabrik Werk II
Sportpl.
Waldsportpl.
Das Mühlholz
Pleiße
Ponyreitbahn
Berufsschule
St. Elisabeth
St. Bonifatiuskirche
Bethlehem K.
Andreask.
Paul-Gerhardt-K.
Karl-Liebknecht-Straße
Kurt-Eisner-Straße
Richard-Lehmann-Straße
Arthur-Hoffmann-Str.
B.-Göring-Str.
Wolfgang-Heinze-Straße
Bornaische Str.
Prager Str.
Straße des 18. Oktober
Semmelweisstr.
Semmelweisbrücke
Windmühlenstr.
Harkortstr.
Karl-Tauchnitz-Straße
Wundtstr.
Koburger Str.
Nitzschestr.
Arnostr.
Philipp-Rosenthal-Straße
Martin-Luther-Ring
S1, S2, S3, S4, S5, S5X
1=Andreasstraße
3=Webergasse
1 = Kehrwieder
2 = Dohnaweg
3 = Liebfrauenstr.
4 = Arminiushof
5 = Spalierweg
6 = Torweg
7 = Vogelsangweg
8 = Hirtenweg
9 = Zauberweg

D
E
F
119
Reudnitz-
Thonberg
Zweinaundorfer Straße
Breite Straße
Grüne Aue
Kleingärten
Anger Crottendorf
Immerglück
L.-Anger-Crottendorf
Ostfriedhof
Sternsiedlung Ost
Freibad
Südost-stadion
Naherholungsgeb. Stötteritzer Wäldchen
1 = Reinhold-Krüger-Straße
2 = Thonberger Straße
3 = Lochmannstraße
4 = Dorstigstraße
5 = Baumeyerstraße
Stötteritzer Str.
Papiermühlstraße
Oberdorfstr.
L.-Stötteritz
S3
Riebeck-
Prager Straße
Barnet-Licht-Platz
Philipp-Rosenthal-Str.
Messe-gelände
Nordtor
Osttor
Straße des 18. Okt.
Leipzig-Völker-schlachtdenkmal
Carl-Hampel-Platz
Lehmann-Straße
Tabaksmühle
Schönbach-straße
Holzhäuser Straße
Naunhofer Str.
Kolmstraße
Komm.-Prendel-Allee
L.-Colditz-Str.
Wasserwerk
Museum
Völkerschlacht-denkmal
Siedl. An der Tabaksmühle
Napoleon-stein
Südfriedhof
Kapellen- und Feuer-bestattungsanlage
Gartenvorstadt Marienbrunn
Marien-brunn
Siedl. Marien-tal
Freundschafts-park
Kl. f. Orthop. u.Rehab.
Connewitzer Straße
Russen-kirche
Immanuel-kirche
Bruno-Plache-Stadion
Sportplätze
Sport-halle
Busbf.
Bau- und Gartenmarkt
Kleingärten
Probstheida
Wohn-komplex J.-R. Becher
Großer Silbersee
Zwickauer Straße
Chemnitzer Straße
400 m
438 yd
1
2
3
4
5
6

A
B
C
121
4
Ratsholz
Naherholungsgebiet
Wildpark
Wald-
sportpl.
Pony-
reitbahn
Neue
Linie
Floßgraben
Elsterflutrinne
Kläranl.
Der Horst
Die
Gautzscher
Spitze
9 = Am Fuchsbau
Landschafts-
park
Cospuden
Ziegelei-
weg
Eingangs-
gebäude
Waldseeweg
Waldsee
Lauer
Equipagenweg
Markkleeberg-West
1 = Am Ratsholz
2 = Am Knie
3 = Ernst-Sommerlath-Weg
4 = Am Obstgarten
5 = Gustav-Freytag-Str.
6 = Wilhelm-Busch-Str.
7 = Kammgarnweg
8 = Spindelweg
Kees'scher
Park
Kees'scher Park
Kirschallee
Hochschule für Technik,
Wirtschaft und
Kultur
Strandbad
Nord
Lauerscher
Weg
Lauersche
Ost-
Waldseeweg
Sport-
platz
M.-Luther-K.
Pfarrg.
Kita
Rathaus-
Gymn.
Gautzscher
Platz
Cospudener
See
August-
Offenbach-
Gymnasium
Mendelssohn-
str.
Abendsonne
Abendweg
Koburger
Straße
1 = Hopfenweg
2 = Brombeerenweg
3 = Enzianweg
4 = Akeleiweg
5 = Erikenweg
6 = Edelweißweg
Städtelner
Bebel-
Straße
Th.-Körner-
Pl.
Volksgut
Strandbad
Ost
Friedhof
Zöbigker
Seniorenheim
Hermann-Müller-
Allee
Golfplatz
Spielpl.
Mühl-
weg
Surf-
strand
Schloss
Schmiede-
straße
Kita
Birkenweg
Fliederweg
Mittelweg
Am
Winkel
Prödelner
Straße
7 = Geranienweg
8 = Nelkenplatz
9 = Ulmenweg
Caritas
Kinder-und
Jugenddorf
1 = Jacob-Kees-Straße
2 = St.-Barbara-Ring
3 = Rudolf-Meitzner-Str.
Boots-
anleger
Cospudener
Str.
Zentraler
Touristen-
treff
Segel-u. Freizeithafen
Zöbigker
Hafenstraße
Zöbigkerstr.
Sonnenweg
Kinderdorfstr.
Wiesenweg
Friedhof
1 = Dross
2 = Rotke
3 = Nacht
St.Peter-
u.Paul
Dietrich
Bonhoe
Freizeitzen
10

D
E
F
122
L.-Connewitz
Rembrandtplatz
Berufsschule
Wundtstraße
Bornaische Straße
Zwickauer Str.
Großer Silbersee
Erholungspark Lößnig
Lößnig-Dölitz
Rundling
Siegfriedplatz
Kleingärten
Wohnheim
Roller- u. Automodell-Sportbahn
Gethsemane-K.
Dölitzer
Im Limburgerpark
Mühlpleiße
Südkampfbahn
Tennisplatz
Sportpl.
Pleiße
Am Silbersee
Dölitz-Dösen
Goethesteig
Matzelstr.
Floraweg
Friedhof
Kleingärten An der großen Eiche
Dölitzer Str.
Westphalsches Haus
Im Dölitzer Holz
Museum Torhaus Dölitz
Leinestraße
agra-Messepark
Leipzig-Markkleeberg
Eing. Ost
Eing. West
Eing. Süd
Siedlung Johannishöhe
Kleingtn. Bei der Krähenhütte
1=Am Torhaus
2=Herm.-Schein-Str.
3=Rich.-Wagner-Str.
Weißes Haus
Markkleeberg-Mitte
agra Park
Rathausplatz
Rathausstr.
Robert-Schumann-Str.
Clara-Wieck-Str.
4=Schlichtingstraße
5=Fischereiweg
Torhaus (Mus.)
Reitplatz
Möncherei-str.
Auen-K.
Wüste Mark Colkwitz
Friedhof
Auenplatz
Seenallee
Grundsch.
Apelstein
Kleingärten
Eintracht
Zum agra-Wehr
Markkleeberg
Wachauer Str.
Auenhainer Str.
Seeblick
Seepromenade
Strandbad
Bootssteg
Markkleeberger See
Kleine Hauptstr.
Hauptstraße
Zentralsportplatz
Relax-Freizeitzentrum
Am Pleißendamm
Kita
Großstädteln
Markkl.-Großstädteln
400m
438 yd
S2, S4, S5, S5X

Halle (Saale)
Brehna
Landsberg
DELITZSCH
Schkeuditz
Leipzig/Halle
Leipziger Tieflandsbucht
Rackwitz
Krostitz
Taucha
LEIPZIG
Markkleeberg
Markranstädt
Lützen
Großpösna
Zwenkau
Böhlen
Rötha
Espenhain
Pegau
Groitzsch
Hohenmölsen
Borna
Lucka
Regis-Breitingen
Meuselwitz
ZEITZ
Sachsen-Anhalt
Sachsen
Thüringen
Belantis
Kammerforstbahn
Völkerschlachtdenkmal
Hauptbahnhof
Deutsche Bücherei
Gohliser Schlösschen
Thomaskirche
Parkeisenbahn
Feldbahn
Red Bull Arena
Cospudener See
Zwenkauer See
Störmthaler See
Kulkwitzer See
Werbeliner See
Schladitzer See
Weiße Elster
Pleiße

Görschlitz
Priställich
Pressel
Naturpark
Dübener
Heide
Weidenhain
Großwig
Zinna
Welsau
Eisenb. museum
Süptitz
Schloss Hartenfels
Torgau
Dreiheide
5 km
3.10 mi
Lauβig
Wöllnau
Wildenhain
Gräfendorf
Melpitz
Loßwig
Weßnig
Gruna
Battaune
Klitzschen
Bennewitz
Mehderitzsch
Beckwitz
Mockrehna
Audenhain
Doberschütz
Mörtitz
Schepplin
Oberaudenhain
Langenreichenbach
Staupitz
Sprotta
Strelln
Wildschütz
Taura
Eilenburg
Mölbitz
Schöna
Probsthain
Deutsche Alleenstraße
Paschwitz
Röcknitz
Kobershain
Schildau
Dahlener Heide
Sitzenroda
Lausa
Böhlitz
Thallwitz
Zwochau
Schildauer Berg
Löbenberg
Thammenhain
Wasewitz
Lossa
Hohburg
Ochsensaal
Gotha
Großzschepa
Lossa-tal
Frauwalde
Pehritzsch
Nischwitz
Watzschwitz
Müglenz
Falkenhain
Schmannewitz
Zeuckritz
Püchau
Lüptitz
Zschorna
Heyda
Bortewitz
Bucha
Lübschütz
Wurzen
Kühnitzsch
Börln
Nepperwitz
Körlitz
Dornreichenbach
Lamperts
Grubnitz
Bennewitz
Meltewitz
Dahlen
Machern
Nemt
Kühren
Großböhla
Altenbach
Streuben
Brandis
Leulitz
Luppa
Calbitz
Burkartshain
Malkwitz
Pausitz
Polenz
Sachsendorf
Collmberg
Nitzschka
Pyrna
Rothersdorf
Naunhof
Fremdiswalde
Collm
Ammelshain
Altenhain
Trebsen
Neichen
Lampersdorf
Klinga
Muldental
Cannewitz
Roda
Wermsdorf
Hubertusburg
Seelingstädt
Nerchau
Wagelwitz
Mahlis
Gröppendorf
Parthen-stein
Grimma
Würschwitz
Beiersdorf
Großsteinberg
Grottewitz
Mutzschen
Liptitz
Göttwitz
Feldbahnanlage
Bahren
Golzern
Grauschwitz
Glossen
Grethen
Döben
Prösitz
Jeesewitz
Mügeln
Pomßen
Grechwitz
Bröhsen
Ragewitz
Ablaß
Kemmlitz
GRIMMA
Pöhsig
Nauberg
Kroptewitz
Sornzig
Höfgen
Kaditzsch
Zeunitz
Draschwitz
Zschoppach
Bortewitz
Otterwisch
Waldbardau
Schkortitz
Dürrweitzschen
Sitten
Strocken
Großbuch
Großbardau
Schaddel
Leipnitz
Bockelwitz
Leisnig
Gallschütz
Förstgen
Böhlen
Naunhof
Bernbruch
Kössern
Polditz
Polkenberg
Großbothen
Seidewitz
Altenhof
Lauterbach
Kleinbardau
Leisenau
Marschwitz
Altleisnig
Naundorf
Großweitzschen
Etzoldshain
Tanndorf
Burg Mildenstein
Glasten
Sermuth
Collmen
Leisnig
Freiberger Mulde
Erlin
Brösen
Bad Lausick
Schönbach
Zschadraß
Minkwitz
Ballendorf
Colditz
Bockwitz
Wendishain
RIFF
Commichau
Seifersdorf
Buchheim
Zschirla
Töpeln
Terpitzsch
Gersdorf
Wallbach
Eula-tal
Hohnbach
Erlbach
Saalbach
Hausdorf
Langenau
Steina
Thierbaum
Elbisbach
Lastau
Hartha
Hopfgarten
Ebersbach
Tautenhain
Schwarzbach
Meinsberg
Frankenhain
Nauenhain
Leutenhain
Methau
Hermsdorf
Waldheim
Zettlitz
Geringswalde
Aschershain
Frauendorf
Doberenz
Penna
Sprensdorf
Reinsdorf
Königsfeld
Altzendorf
Holzhausen
Kriebethal
Roda
Niedergräfenhain
Geithain
Köttwitzsch
Arras
Kriebstein
Noßwitz
Rochlitz
Sachsendorf
Schweikershain
Beerwalde
Burg
Ehrenberg
Synra
Bruchheim
Breitenborn
Rochlitzer B.
Milkau
Crossen
Höfchen
Talsperre Kriebstein
Kohren-Sahlis
Ossa
Narsdorf
Steudten
Naundorf
Tanneberg
Erlebach

Das Register enthält eine Auswahl der im Cityatlas dargestellten Straßen und Plätze

Autobahn mit Nummer
Motorway with number
Autoroute avec numéro

Nummer der Autobahnanschlussstelle
Motorway junction number
Numéro d'echangeur d'autoroute

Schnellstraße/ Bundesstraße
Expressway/ Federal road
Route express/ Route nationale

Durchgangsstraße
Main through road
Grande route

Übrige Straßen/ Weg
Other roads/ Footpath
Autres routes/ Sentier

Straßen in Bau/ Planung
Roads under construction/ projected
Routes en construction/ en projet

Fußgängerzone/ Einbahnstraße
Pedestrian zone/ One-way street
Zone piétonnière/ Rue à sens unique

Stadt- und Gemeindegrenze
Town and communal boundary
Limite de ville et commune

Umweltzone
Environmental zone
Zone environnement

Eisenbahn mit Bahnhof
Railway with station
Voie ferrée avec gare

Güter- und Industriebahn
Freight and industrial railway
Voie ferrée de marchandise et industrielle

S-Bahn mit Nummer und Station
Rapid transit train with number and station
Train en trafic suburbain avec numéro et gare

U-Bahn/ Stadtbahn
Underground/ Light Rail
Métro/ Métro Léger

Bus/ Straßenbahn mit Endhaltestelle
Bus/ Tramway with terminus
Autobus/ Tramway avec terminus

Parkplatz/ Parkhaus/ Tiefgarage
Car park/ Parking house/ Underground car park
Parking/ Garage/ Parking souterrain

Park+Ride/ Parkleitsystem
Park+Ride/ Parking control system
Park+Ride/ Système de signalisation

Hallenbad
Indoor swimming pool
Piscine couverte

Kirche
Church
Église

Krankenhaus
Hospital
Hôpital

Campingplatz/ Jugendherberge
Camping site/ Youth hostel
Camping/ Auberge de jeunesse

Post
Post office
Bureau de poste

Försterei
Forester's lodge
Maison forestière

Einzelne Bäume
Isolated trees
Arbres isolés

Wirtshaus/ Ausflugslokal
Inn/ Excursion-Inn
Auberge/ Café-Restaurant

Sendeanlage/ Leuchtturm
Transmitting station/ Lighthouse
Station d'émission/ Phare

Denkmal/ Turm
Monument/ Tower
Monument/ Tour

Windmühle/ Windrad
Windmill/ Windpower
Moulin à vent/ Éolienne

Tourist-Information
Tourist information center
Syndicat d'initiative

Konsulat/ Botschaft
Consulate/ Embassy
Consulat/ Ambassade

Wald/ Park, Friedhof
Forest/ Park, Cemetery
Fôret/ Parc, Cimetière

Weinberg
Vineyard
Vignoble

Heide/ Moor, Sumpf
Heath/ Marsh, Swamp
Lande/ Marais, Marécage

MARCO POLO Erlebnistour 1
MARCO POLO Discovery Tour 1
MARCO POLO Tour d'aventure 1

MARCO POLO Erlebnistouren
MARCO POLO Discovery Tours
MARCO POLO Tours d'aventure

MARCO POLO Highlight

FÜR IHRE NÄCHSTE REISE ...

ALLE **MARCO POLO** REISEFÜHRER

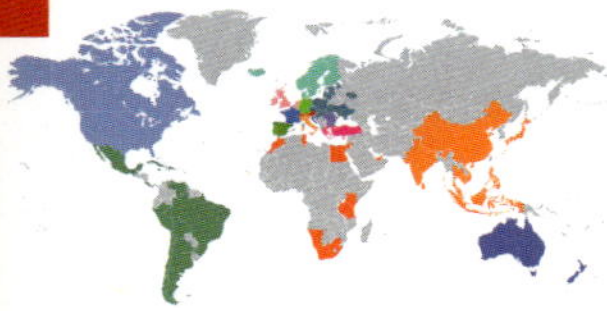

DEUTSCHLAND
Allgäu
Bayerischer Wald
Berlin
Bodensee
Chiemgau/ Berchtesgadener Land
Dresden/ Sächsische Schweiz
Düsseldorf
Eifel
Erzgebirge/ Vogtland
Föhr & Amrum
Franken
Frankfurt
Hamburg
Harz
Heidelberg
Köln
Lausitz/Spreewald/ Zittauer Gebirge
Leipzig
Lüneburger Heide/ Wendland
Mecklenburgische Seenplatte
Mosel
München
Nordseeküste Schleswig-Holstein
Oberbayern
Ostfriesische Inseln
Ostfriesland/Nordseeküste Niedersachsen/Helgoland
Ostseeküste Mecklenburg-Vorpommern
Ostseeküste Schleswig-Holstein
Pfalz
Potsdam
Rheingau/ Wiesbaden
Rügen/Hiddensee/ Stralsund
Ruhrgebiet
Schwarzwald
Stuttgart
Sylt
Thüringen
Usedom
Weimar

ÖSTERREICH SCHWEIZ
Kärnten
Österreich
Salzburger Land
Schweiz
Steiermark
Tessin
Tirol
Wien
Zürich

FRANKREICH
Bretagne
Burgund
Côte d'Azur/ Monaco
Elsass
Frankreich
Französische Atlantikküste
Korsika
Languedoc-Roussillon
Loire-Tal
Nizza/Antibes/ Cannes/Monaco
Normandie
Paris
Provence

ITALIEN MALTA
Apulien
Dolomiten
Elba/Toskanischer Archipel
Emilia-Romagna
Florenz
Gardasee
Golf von Neapel
Ischia
Italien
Italienische Adria
Italien Nord
Italien Süd
Kalabrien
Ligurien/ Cinque Terre
Mailand/ Lombardei
Malta & Gozo
Oberital. Seen
Piemont/Turin
Rom
Sardinien
Sizilien/ Liparische Inseln
Südtirol
Toskana
Venedig
Venetien & Friaul

SPANIEN PORTUGAL
Algarve
Andalusien
Barcelona
Baskenland/ Bilbao
Costa Blanca
Costa Brava
Costa del Sol/ Granada
Fuerteventura
Gran Canaria
Ibiza/Formentera
Jakobsweg Spanien
La Gomera/ El Hierro
Lanzarote
La Palma
Lissabon
Madeira
Madrid
Mallorca
Menorca
Portugal
Spanien
Teneriffa

NORDEUROPA
Bornholm
Dänemark
Finnland
Island
Kopenhagen
Norwegen
Oslo
Schweden
Stockholm
Südschweden

WESTEUROPA BENELUX
Amsterdam
Brüssel
Dublin
Edinburgh
England
Flandern
Irland
Kanalinseln
London
Luxemburg
Niederlande
Niederländische Küste
Schottland
Südengland

OSTEUROPA
Baltikum
Budapest
Danzig
Krakau
Masurische Seen
Moskau
Plattensee
Polen
Polnische Ostseeküste/ Danzig
Prag
Slowakei
St. Petersburg
Tallinn
Tschechien
Ungarn
Warschau

SÜDOSTEUROPA
Bulgarien
Bulgarische Schwarzmeerküste
Kroatische Küste Dalmatien
Kroatische Küste Istrien/Kvarner
Montenegro
Rumänien
Slowenien

GRIECHENLAND TÜRKEI ZYPERN
Athen
Chalkidiki/ Thessaloniki
Griechenland Festland
Griechische Inseln/ Ägäis
Istanbul
Korfu
Kos
Kreta
Peloponnes
Rhodos
Samos
Santorin
Türkei
Türkische Südküste
Türkische Westküste
Zákinthos/Itháki/ Kefalloniá/Léfkas
Zypern

NORDAMERIKA
Chicago und die Großen Seen
Florida
Hawai'i
Kalifornien
Kanada
Kanada Ost
Kanada West
Las Vegas
Los Angeles
New York
San Francisco
USA
USA Ost
USA Südstaaten/ New Orleans
USA Südwest
USA West
Washington D.C.

MITTEL- UND SÜDAMERIKA
Argentinien
Brasilien
Chile
Costa Rica
Dominikanische Republik
Jamaika
Karibik/ Große Antillen
Karibik/ Kleine Antillen
Kuba
Mexiko
Peru & Bolivien
Yucatán

AFRIKA UND VORDERER ORIENT
Ägypten
Djerba/ Südtunesien
Dubai
Israel
Jordanien
Kapstadt/ Wine Lands/ Garden Route
Kapverdische Inseln
Kenia
Marokko
Namibia
Rotes Meer & Sinai
Südafrika
Tansania/Sansibar
Tunesien
Vereinigte Arabische Emirate

ASIEN
Bali/Lombok/Gilis
Bangkok
China
Hongkong/Macau
Indien
Indien/Der Süden
Japan
Kambodscha
Ko Samui/ Ko Phangan
Krabi/ Ko Phi Phi/ Ko Lanta
Malaysia
Nepal
Peking
Philippinen
Phuket
Shanghai
Singapur
Sri Lanka
Thailand
Tokio
Vietnam

INDISCHER OZEAN UND PAZIFIK
Australien
Malediven
Mauritius
Neuseeland
Seychellen

Viele MARCO POLO Reiseführer gibt es auch als eBook – und es kommen ständig neue dazu!
Checken Sie das aktuelle Angebot einfach auf: www.marcopolo.de/e-books

BLOSS NICHT

Ein paar Dinge, die Sie in Leipzig beachten sollten

ZU SILVESTER ANS CONNEWITZER KREUZ

Es sei denn, Sie finden Gefallen an brennenden Mülltonnen, fliegenden Bierflaschen und vermummten Polizisten. Zu Silvester macht die autonome Szene rund ums Kreuz zuverlässig Randale. Jedes Jahr gehen dabei zahlreiche Schaufensterscheiben zu Bruch. Seit einiger Zeit gibt es zwar einen Polizeiposten vor Ort, doch selbst der hat mit Randalierern zu kämpfen. Auch am 1. Mai und bei Fußballderbys zeigt die gewaltbereite Szene gerne, was in ihr steckt.

FALSCH PARKEN

In der Innenstadt darf nur auf den ausgewiesenen Flächen geparkt werden. Diese Finesse kam schon viele Autofahrer teuer zu stehen, denn Straßen ohne weiße Kennzeichnung und Schilder zählen nicht dazu. Die Leipziger Politessen sind auf Zack und 15 Euro Bußgeld schnell auferlegt. Besser ist es, das Auto in Leipzigs zahlreichen innenstadtnahen Parkhäusern abzustellen. Oder mit der Straßenbahn zu fahren, denn die Innenstadt lässt sich zu Fuß gut erkunden.

UNTER ZEITDRUCK INS CAFÉ

Vor dem Theater noch schnell ins Café, und gern auch eine Kleinigkeit essen ... Das endet in vielen Fällen mit Magendrücken! Denn so wunderbar man in Leipzig ausgehen kann, mit der Bedienung geht es oft sächsisch gemütlich voran. Besonders, wenn plötzlich das schöne Wetter alle nach draußen lockt, können sich viele Lokale nicht so schnell auf den Ansturm einstellen. Wenn das Essen dann kommt, ist man meist reichlich entschädigt. Aber lieber Zeit mitbringen, als mit Bauchweh gehen.

SÄCHSELN WOLLEN

Bitte nicht. Versuchen Sie es gar nicht erst. Es geht wirklich nicht. Und außerdem machen Sie sich entweder lächerlich oder unbeliebt. Sächseln ist nun mal nicht erlernbar, und selbst Wahl-Sachsen stellen nach jahrzehntelangem Aufenthalt vor Ort fest: „Sächsisch muss man mit der Muttermilch eingesogen haben." Quälen Sie Ihre Zunge und die Ohren Ihrer Zuhörer nicht unnötig: Keiner ironisiert die Mundart so wunderbar, wie die Leipziger selbst in ihren Kabaretts.

MIT HIGH HEELS AUF DIE PISTE

Roter Lippenstift, sexy Outfit und Pumps: Das ist fürs Nachtleben in Leipzig wie anderswo eigentlich Pflicht. Aber Vorsicht – das Straßenpflaster ist auf Pfennigabsätzen nicht gerade eine Freude. Zu DDR-Zeiten wurden große Platten verlegt, und die nicht immer ganz eben. Auch das alte Kopfsteinpflaster in vielen Gassen und die Straßenbahnschienen meinen es nicht gut mit hohen Absätzen. Da gerät frau ganz schnell ins Straucheln und der coole Look ist dahin. Lieber flache Schuhe für den Weg, und die Manolos für die Tanzfläche ins Gepäck!

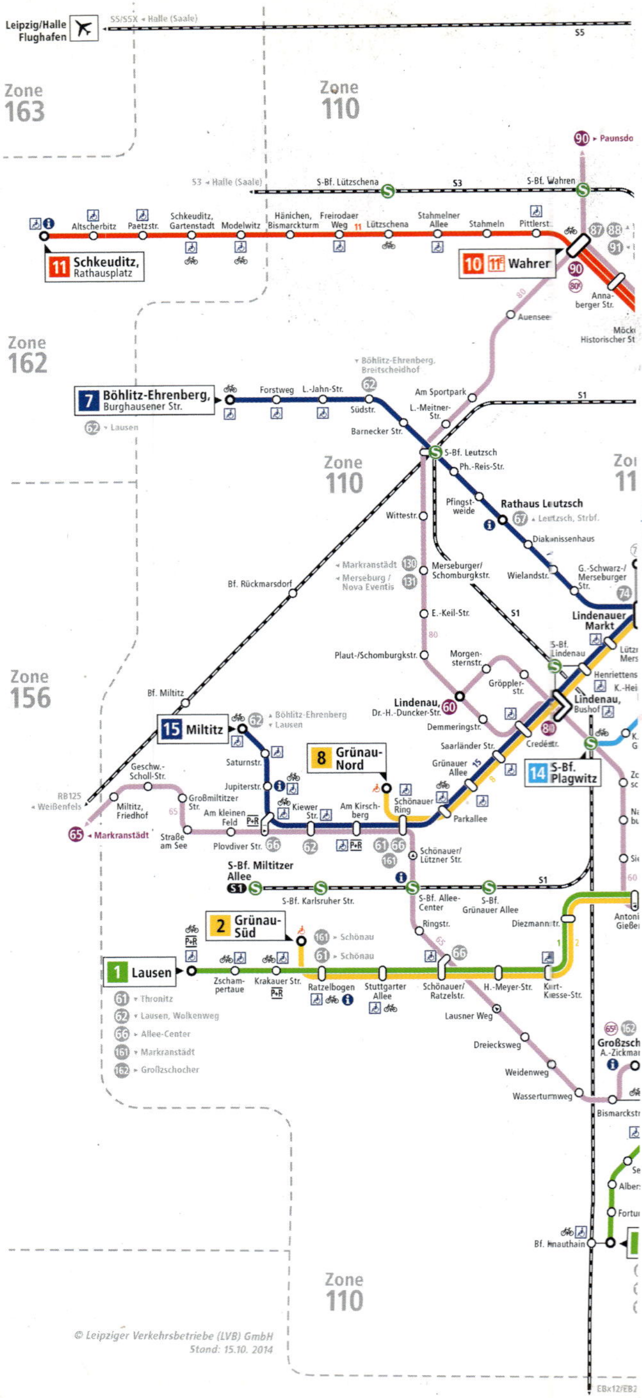
Leipzig/Halle Flughafen
S5/S5X ◂ Halle (Saale)
S5
Zone 163
Zone 110
90 ▸ Paunsdo
S3 ◂ Halle (Saale)
S-Bf. Lützschena
S3
S-Bf. Wahren
Altscherbitz
Paetzstr.
Schkeuditz, Gartenstadt
Modelwitz
Hänichen, Bismarckturm
Freirodaer Weg
Lützschena
Stahmelner Allee
Stahmeln
Pittlerstr.
11 Schkeuditz, Rathausplatz
10 11E Wahrer
87 88
91
90
80E
Anna-berger Str.
Auensee
Möck Historischer St
Zone 162
Böhlitz-Ehrenberg, Breitscheidhof
62
7 Böhlitz-Ehrenberg, Burghausener Str.
62 ▸ Lausen
Forstweg
L.-Jahn-Str.
Südstr.
Barnecker Str.
Am Sportpark
L.-Meitner-Str.
S1
S-Bf. Leutzsch
Ph.-Reis-Str.
Zone 110
Pfingst-weide
Rathaus Leutzsch
67 ▴ Leutzsch, Strbf.
Wittestr.
Diakonissenhaus
◂ Markranstädt 130
◂ Merseburg / Nova Eventis 131
Merseburger/ Schomburgkstr.
Wielandstr.
G.-Schwarz-/ Merseburger Str.
74
Bf. Rückmarsdorf
E.-Keil-Str.
S1
Lindenauer Markt
80
Plaut-/Schomburgkstr.
Morgen-sternstr.
S-Bf. Lindenau
Henriettens
K.-Hei
Zone 156
Gröppler-str.
Lindenau, Bushof
Lindenau, Dr.-H.-Duncker-Str. 60
Bf. Miltitz
15 Miltitz
62 ▴ Böhlitz-Ehrenberg ▾ Lausen
Demmeringstr.
80
Credéstr.
Saarländer Str.
S-Bf. Plagwitz
14
Saturnstr.
8 Grünau-Nord
Grünauer Allee
Geschw.-Scholl-Str.
Jupiterstr.
RB125 ◂ Weißenfels
Miltitz, Friedhof
Großmiltitzer Str.
Kiewer Str.
Am Kirsch-berg
Schönauer Ring
Parkallee
Am kleinen Feld
P+R
65 ◂ Markranstädt
Straße am See
Plovdiver Str. 66
62
P+R
61 66
161
Schönauer/ Lützner Str.
S-Bf. Miltitzer Allee
S1
S-Bf. Karlsruher Str.
S-Bf. Allee-Center
S-Bf. Grünauer Allee
S1
60
Antoni Gießer
2 Grünau-Süd
161 ▸ Schönau
61 ▸ Schönau
Ringstr.
Diezmannstr.
65
66
1 Lausen
Zscham-pertaue
Krakauer Str.
P+R
Ratzelbogen
Stuttgarter Allee
Schönauer/ Ratzelstr.
H.-Meyer-Str.
Kurt-Kresse-Str.
61 ▾ Thronitz
62 ▾ Lausen, Wolkenweg
66 ▸ Allee-Center
161 ▸ Markranstädt
162 ▸ Großzschocher
Lausner Weg
Dreiecksweg
65E 162
Großzsch A.-Zickmar
Weidenweg
Wasserturmweg
Bismarckstr
Albers
Fortu
Bf. Knauthain
Zone 110
EBx12/EB2

In diesem Register finden Sie alle in diesem Band erwähnten Sehenswürdigkeiten, Museen und Ausflugsziele sowie wichtige Straßen, Plätze, Stichworte und Namen. Gefettete Seitenzahlen verweisen auf den Haupteintrag.

SCHREIBEN SIE UNS!

Egal, was Ihnen Tolles im Urlaub begegnet oder Ihnen auf der Seele brennt, lassen Sie es uns wissen! Ob Lob, Kritik oder Ihr ganz persönlicher Tipp – die MARCO POLO Redaktion freut sich auf Ihre Infos.
Wir setzen alles dran, Ihnen möglichst aktuelle Informationen mit auf die Reise zu geben. Dennoch schleichen sich manchmal Fehler ein – trotz gründlicher Recherche unserer Autoren/innen. Sie haben sicherlich Verständnis, dass der Verlag dafür keine Haftung übernehmen kann.

MARCO POLO Redaktion
MAIRDUMONT
Postfach 31 51
73751 Ostfildern
info@marcopolo.de

IMPRESSUM
Titelbild: Mende-Brunnen mit Opernhaus (Schapowalow: R. Schmid)
Fotos: W. Dieterich (Klappe r., 9, 31, 38, 54/55, 68, 78); DuMont Bildarchiv: Hirth (104/105), Schulz (81, 105); R. Freyer (58); Getty Images: DaniloAndjus (3); F. Ihlow (33, 106 u., 107, 112/113); Laif: J. Gläscher (2, 11, 18 o., 73, 76, 101, 104, 106 o.), P. Hirth (22, 70), J. Passoth (53), J. Schwarz (61, 87); Laif/GAFF: Adenis (10, 66/67); Look: U. Böttcher (16/17), Th. Rötting (12/13), Rötting/Pollex (4 u., 7, 14, 25, 41, 46, 49, 90/91, 99); mauritius images: Lange (103), Novarc (36), Pöhlmann (32); mauritius images/Alamy (44); mauritius images/imagebroker: Dr. W. Bahnmüller (42), Beck (62 r.), W. Dieterich (6, 96), Foto Beck (84); mauritius images/United Archives (102); picture-alliance/dpa (4 o., 20/21); picture-alliance/Jazzarchiv (18 M.); picture-alliance/ZB (18 u., 19 o., 102/103); Schapowalow: R. Schmid (1 o.); Transit-Archiv: Eisler (62 l.), Härtrich (37 © VG Bild-Kunst, Bonn 2015, 50, 88), Rötting (8, 56/57, 63, 64, 82/83); vario images: Boelkow (19 u.); Visum: Th. Pflaum (34, 74/75), J. Pollak (Klappe l., 5, 26/27); S. von Aretin (1 u.)

14. Auflage 2016
Komplett überarbeitet und neu gestaltet

Chefredaktion: Marion Zorn; Autorinnen: Stephanie von Aretin, Evelyn ter Vehn; Redaktion: Jochen Schürmann; Verlagsredaktion: Tamara Hub, Ann-Katrin Kutzner, Nikolai Michaelis, Kristin Schimpf, Martin Silbermann; Bildredaktion: Gabriele Forst, Anja Schlatterer
Im Trend: wunder media, München; Kartografie Reiseatlas: © MAIRDUMONT, Ostfildern; Kartografie Faltkarte: © MAIRDUMONT, Ostfildern; Gestaltung Cover, S. 1, S. 2/3, Faltkartencover: Karl Anders – Büro für Visual Stories, Hamburg; Gestaltung innen: milchhof:atelier, Berlin; Gestaltung Erlebnistouren: Susan Chaaban Dipl.-Des. (FH)

Printed in China